Mit Kindern über den Glauben reden

W0320958

Martin Jäggle – Lene Mayer-Skumanz

Mit Kindern über den Glauben reden

buchkirchen
öffentliche
bücherei

Tyrolia-Verlag · Innsbruck-Wien

Mitglied der Verlagsgruppe „engagement“

Die Deutsche Bibliothek – CIP-Einheitsaufnahme

Jäggle, Martin:
Mit Kindern über den Glauben reden / Martin
Jäggle – Lene Mayer-Skumanz. – Innsbruck ;
Wien : Tyrolia-Verl., 1995 – 2. Aufl.
ISBN 3-7022-1947-1
NE: Mayer-Skumanz, Lene

1995
Alle Rechte bei der Verlagsanstalt Tyrolia, Innsbruck
Umschlag: Mag. Elke Staller
Satz, Druck und Bindung: Athesia-Tyrolia Druck, Innsbruck

Inhalt

Religiöse Erziehung im Alltag

Religiöse Erziehung schien früher die einfachste Sache der Welt: Das Kind wurde mit den festen Formen des Brauchtums groß. Das Morgen-, Tisch- und Abendgebet bestimmte den Tagesablauf des meist bäuerlichen Haushaltes, der sonntägliche Meßbesuch war keine Frage, und eine Vielzahl von kirchlichen Festen begleitete das Jahr und das Leben eines Menschen. Für die Fragen des Kindes gab es scheinbar klare, unbestrittene Antworten, die im Religionsunterricht besprochen und auswendig gelernt wurden.

Heute ist der Tagesablauf einer Familie nicht mehr vom Arbeitsrhythmus des Bauernhofes, der für alle Hausbewohner bestimmend war, geprägt. Gleichzeitig teilen die Familienmitglieder immer weniger Erfahrungen miteinander. Das Kind ist überhaupt von lebenswichtigen Bereichen wie Arbeitswelt, Gesellschaft und auch von menschlichen Grenzsituationen wie Geburt, schwere Krankheit und Tod ausgeschlossen. Die gesellschaftliche Situation, die Lebensbedingungen und die Lebensformen haben sich grundlegend geändert. Damit stellt sich die Frage, wie man unter derart anderen Umständen (als man selbst groß geworden ist) den Glauben weitergeben kann.

Die Auseinandersetzung mit dieser Frage hat zu zentralen Einsichten geführt. Glaube kann nicht weitergegeben werden wie ein gut gepackter Rucksack, der dann vielleicht sogar mehr belastend als voll von Vorräten erlebt wird. Glaube ist etwas Lebendiges, nichts Abgeschlossenes und immer geprägt vom Leben und den Erfahrungen des Menschen, der glaubt.

Eltern können daher ihren Glauben nicht einfach weitergeben, sondern sie müssen ihr Kind zum Glauben anregen; sie können daher ihre Erziehung nur als „Einladung zum Glauben“ verstehen und gestalten.

Nicht die ausdrückliche Belehrung, sondern die „Sinnerfahrung im Miteinanderleben“ ist entscheidend für die Religiosität eines Kindes. Nicht erst dann, wenn ausdrücklich von Gott oder Jesus gesprochen wird, geschieht religiöse Erziehung, sondern der Boden der „Einladung zum Glauben“ ist der Alltag, das tägliche Miteinander-Leben.

Zu diesem Alltag gehören nicht nur Aufwecken, Frühstück, Weggehen, Schlafengehen, Aufräumen, Begrüßen, Spielen, also die Routinesituationen, sondern auch, was an ungeplanten oder ungewollten Ereignissen den Alltag bestimmt, wie ein Konflikt der Kinder, eine gute Idee des Kindes, die von Erwachsenen gar nicht so gut erlebt wird, ein Besuch … In diesen alltäglichen Situationen und wechselhaften Ereignissen des Alltags lernt das Kind leben, lernt, was wichtig ist, lernt, was richtig ist. Das Kind nimmt teil am Leben der Erwachsenen, und die Erwachsenen teilen mit dem Kind, was ihr Leben trägt und hält. Durch den Alltag und mitten im Alltag stellt das Kind dann auch seine Fragen, besonders die wichtigste unter ihnen: „Warum?“

Mit Hilfe der Eltern und Erzieher macht es sich seine Weltanschauung zu eigen. Die Grundhaltungen, die das Verhältnis zum Leben bestimmen, was Eltern glauben, was sie hoffen, welche Erwartungen sie an die Zukunft richten, erwirbt das Kind im täglichen Umgang. Im Erzählen, in der Auseinandersetzung mit den kindlichen Fragen deuten die Eltern ihr Leben und erschließen, welche Bedeutung Gott für das Kind hat und wie wichtig es selbst für Gott ist. Das Kind ist dabei auf die Eltern angewiesen, es hat ein Recht, von den Eltern erzählt zu bekommen, was und wer ihr Leben trägt.

Viele Eltern sind nicht gewohnt, über ihren Glauben zu sprechen, sie müssen es selbst erst lernen. Hier zeigt sich die Bedeutung von kleinen Gruppen und Gemeinschaften, in denen Erwachsene Lebensfragen und Glaubensfragen miteinander besprechen und vielleicht sogar miteinander das Leben aus dem Glauben heraus gestalten.

Nicht auf alle kindlichen Fragen muß der Erzieher eine Antwort wissen. Es wird sogar Fragen geben (wie etwa: „Wo wohnt Gott?“), auf die der Erzieher nur mit „Ich weiß es nicht“ antworten kann. Entscheidend ist nicht die abschließende Antwort, sondern das durch die Frage des Kindes eröffnete Gespräch, ein Gespräch – so wäre es den Kindern und Eltern sowie Erziehern zu wünschen –, das ein Leben lang nicht abreißt.

Das Erzieherverhalten weckt beim Kind auch Erwartungen gegenüber Gott. Eltern, die ihr Kind streng kontrollieren und nicht aus den Augen lassen, legen dem Kind nahe, sich auch Gott als eine permanente Kontrollinstanz vorzustellen. Das ist kein automatischer Vorgang, aber es gibt einen Zusammenhang zwischen dem Erzieherverhalten und dem Gottesbild des Kindes. Deshalb müssen die Eltern noch nicht wie Gott werden, aber sie können sensibel sein für die „Botschaften“, die von ihrem Verhalten gegenüber den Kindern ausgehen. Auch Eltern bleiben hinter ihrem eigenen Anspruch zurück, es gibt Situationen, die über die eigenen Kräfte gehen. Für das Kind wäre es wichtig, daß es dann im Gespräch, im Verhalten bemerken kann, daß das Verhalten der Eltern nicht das Maß aller Dinge ist, daß sie nicht makellose „Götter“ sind.

In der letzten Zeit wird immer deutlicher die Bedeutung der Fähigkeit des Sichsammelns, des Meditierens für die reife Religiosität erkannt. Bernhard Grom meint sogar, bevor man ausdrücklich dem Kind von Gott erzählt, sollte es imstande sein, „inne zu werden“. Die Fähigkeit zur inneren Erfahrung ermöglicht dem Kind, das Sprechen von Gott als in Beziehung zu seinen Lebenserfahrungen zu verstehen. Gott ist dann nicht ein Gegenstand oder Übermensch irgendwo, sondern eine Lebenswirklichkeit, in der wir stehen, von der wir getragen sind und die über uns hinausweist.

Imaginationsübungen („Was macht die Mutter im anderen Zimmer?"), Stilleübungen, Übungen zur Körpererfahrung und Sinneswahrnehmung („Einen Ton ganz lang hören") sind geeignet, die Fähigkeit zum Sichsammeln im Kind zu entwickeln und so Voraussetzungen für innere Erfahrung zu schaffen.

Angeregt wurde ich zu diesem Buch durch die Kinder-Fernsehserie *„Jakob und Elisabeth"* des Österreichischen Rundfunks, für die Lene Mayer-Skumanz die Drehbücher schrieb. Die bekannte Kinderbuchautorin stellte mir 24 Dialoge zur Verfügung, und ich gestaltete darum herum dieses Buch. Es ist als Antwort auf die Frage zu verstehen, wie man 4–7jährige Kinder mit einer religiösen Deutung ihres Lebens, mit christlichen Grundwerten und ungekünstelten Haltungen aus dem Glauben heraus vertraut machen kann.

Die einzelnen Dialoge regen zum Spielen und zum Gespräch an. Sie eignen sich zum Beispiel für ein ganz simples Finger-Puppenspiel, bei dem die Kindergärtnerin oder Lehrerin oder Mutter den Dialog lebendig werden läßt, indem sie den Jakob (rechter Zeigefinger) mit der Kathi (linker Ringfinger) und den Vater (linker Daumen) mit Elisabeth (rechter Ringfinger) sprechen läßt (vorher jeweils ein Gesicht aufmalen!). Natürlich geht das auch mit einem Tonband (auf das der Text mit verteilten Rollen gesprochen wird) oder als frei erzählte Geschichte …

Man kann die Dialoge auch nur anspielen und die Kinder selbst zu Ende spielen lassen, Rollen tauschen, verändern und dergleichen. Wichtig ist dabei das Gespräch im Sinne des *„mit den Kindern über den Glauben reden"!*

Martin Jäggle

Ich bin geborgen – *Grundvertrauen*

Die wichtigste Erfahrung, die ein Kind macht, ja die Voraussetzung überhaupt, um leben zu können, ist die Erfahrung der Geborgenheit, die Erfahrung des „Sich-verlassen-Dürfens“, daß die Mutter mir gut ist, mich lieb hat. Dieses Grundvertrauen in die Welt, das Leben, die Eltern und in sich selbst wird bereits im ersten Lebensjahr aufgebaut. Untersuchungen haben gezeigt, daß Kinder, bei denen es nicht zur Entwicklung dieses Grundvertrauens kommt, krank werden und frühzeitig sterben können. Ist das Grundvertrauen unzureichend entwickelt, kommt es zu wesentlichen Störungen der Persönlichkeit und der Verhaltensweisen des Kindes und des späteren Erwachsenen. Das Grundvertrauen wird aufgebaut und gestärkt durch die Sicherheit der Beziehung, in der das Kind aufwächst, durch die Erfahrung des Angenommenseins.

Ein wichtiges Medium für die Stärkung der Erfahrung des Angenommenseins und des Selbstwertgefühls sind Geschichten, allen voran Märchen. Eine Zeitlang war es verpönt, Märchen zu erzählen. Man hielt sie für zu grausam. Mittlerweile weiß man jedoch, daß die Märchen nur das dramatisieren, was im Kind selbst dramatisch abläuft. Kinder wollen oft ein Märchen immer wieder hören, auch wenn sie es schon auswendig kennen. Offensichtlich erleben sie in diesem Falle gerade dieses Märchen als in ihrer Situation besonders hilfreich und können durch das Märchen ihre angstmachende Krisensituation auf ein gutes Ende hin bewältigen. Das Märchen gibt ihnen das Vertrauen, daß Angst, die Erfahrung des Bedrohtseins, der dunkle Wald nicht das Letzte sind und nicht verdrängt werden müssen. Mit Hilfe des Märchens können sie in den dunklen Wald gehen und reich an neuen Erfahrungen – mit vielen Schätzen – zurückkommen. Märchen können somit Grundvertrauen stärken.

Das Grundvertrauen, dieses Gefühl des Sich-verlassen-Dürfens, ist eine entscheidende Voraussetzung für die Fähigkeit des Kindes, mit anderen Beziehung aufzunehmen, andere Menschen zu lieben, zwischen richtigem und falschem Verhalten unterscheiden zu lernen, und ist letztlich ganz entscheidend für die Religiosität des Kindes und des späteren Erwachsenen. Dabei ist die Erfahrung der Geborgenheit noch nicht gleichzusetzen mit der Erfahrung des Von-Gott-geliebt-Seins. Die Erfahrung der Zuverlässigkeit der Eltern und der Welt muß erst ausdrücklich zu einem Gottvertrauen erweitert und angeregt werden. Dabei ist es entscheidend, daß von Gott nicht zuerst von Notsituationen ausgehend gesprochen wird. Sonst besteht die Gefahr, daß ein Gottesbild grundgelegt wird, das vorwiegend von den eigenen Wünschen bestimmt ist. In Notsituationen sollten die Eltern zuallererst das Kind ermutigen, diese zu bewältigen, und ihm dabei helfen. Der Religionspädagoge Bernhard Grom meint, von der Geborgenheit in Gott solle das Kind zuerst unausdrücklich in Zusammenhang mit seinen positiven Lebenserfahrungen (ich freue mich), mit seinen ersten hingabeorientierten Regungen (ich liebe dich) hören. Denn erst, wenn es eine Ahnung hat, daß wir Menschen in unseren Beziehungen untereinander umso verläßlicher werden, je mehr wir – mit Gott und wie Gott – die anderen unbedingt bejahen, wird es auch die Geborgenheit, die Gott gewährt, als Bejahtsein und nicht nur als Beschütztwerden verstehen können.

Wenn die Eltern oder Erzieher den Zeitpunkt für gekommen halten, ausdrücklich von der Geborgenheit in Gott sprechen zu können, wäre ein Gespräch oder ein Spiel geeignet, um Möglichkeiten der Bewältigung von Angst oder Notsituationen zu vergegenwärtigen.

Anschließend könnten der Vater oder die Mutter bzw. der Erzieher im Rahmen eines Gespräches zu Erfahrungen von Angst-Haben, Traurig-Sein, Den-Mut-Verlieren nach einem Vorschlag von Bernhard Grom seinen religiös motivierten „Mut trotz allem" etwa in folgender Form bezeugen: „Auch ich (der Erzieher) habe manchmal Angst, es könnte mir etwas Schlimmes passieren (Mißerfolg, Verlust, Krankheit, Tod). Dann überlege ich mir, was ich alles dagegen tun kann und wer mir helfen könnte. Dann bitte ich aber auch Gott: Gib mir Mut, daß ich kämpfe mit allen meinen Kräften, und gib mir auch gute Menschen, die mir helfen, denn Du liebst mich, auch wenn Menschen nicht viel an mir liegt, auch wenn es mir schlecht geht, sogar wenn ich sterben muß. Laß mich das nie vergessen, wenn ich traurig und niedergeschlagen bin." In einer Kindergartengruppe könnte man diese Grundaussage auch symbolisch verinnerlichen, wenn man etwa sagt, „daß Gott uns immer hält, fester und treuer, als wir es können". In einem dichten Kreis, die Arme über die Schultern der Nachbarn gelegt, kann jeder eingeladen werden, auszuprobieren, ob er umfallen kann. Dann könnte man sagen: „So wie wir uns sicher gehalten haben, will uns Gott immer halten, auch wenn wir traurig sind, ja sogar, wenn wir einmal sterben müssen."

Jakob hält's im Dunkeln aus

(Jakob ist im Kinderzimmer. Er hat einen Zoo aufgebaut. Die Lampe brennt, es ist Abend. Der Vater schaut zur Tür herein.)

Jakob (beim Zoospielen): Uah, uah, uah. – Gleich, Löwe, gleich kriegst du was zum Fressen. Jetzt sind die Bären dran. Brumm, brumm, brumm.

Vater: Jakob, die Mutti läßt dir sagen, in fünf Minuten ist sie mit dem Nachtmahl fertig. Gegrillte Würstchen. Du sollst schon anfangen aufzuräumen.

Jakob: Ich bin Tierwärter im Zoo. Es sind noch nicht alle Tiere gefüttert.

Vater: Na, dann beeil dich mit dem Füttern, damit jeder was kriegt. Und dann räum auf. Das ist ja ein ganzer Tiergarten. Schaffst du das überhaupt allein, das Zusammenräumen, oder muß man dir helfen?

Jakob: Ich räum' nur die Tiere auf. Die Gehege laß ich stehen.

Vater: Du kannst die Gehege zusammenrücken, damit keiner draufsteigt. (Das Licht geht aus, durch das Fenster kommt nur ganz wenig Licht.) Oje, ein Kurzer.

Jakob: Was ist los!

Vater: Ein Kurzschluß. Wieder einmal. Weil die Mutti immer alle Geräte auf einmal angesteckt läßt, Griller und Waschmaschine und Mixer und und und. Na, ich bring' das schnell in Ordnung. (Ab.)

Jakob: Bleib da, Vati, bleib da, bitte! – Jetzt läßt er mich im Dunkeln sitzen. – Mutti! Mutti! – Die wissen doch, daß ich nicht im Dunkeln sein mag. – Muuuttiiii!

Mutter (kommt herein, man sieht sie nur ganz schemenhaft): Gleich haben wir wieder Licht, Jakob. Der Vati schaut schon nach. – Hast du dich geschreckt, gelt.

Jakob: Nein – ja – ich will schnell wieder Licht haben!

Mutter: In der Küche hab' ich eine Kerze angezündet. Komm zu mir in die Küche.

Jakob: Das geht nicht. Ich seh' ja nichts. Ich zertrete die Tiere.

Mutter: Was zertrittst du?

Jakob: Die Tiere. Der ganze Fußboden ist voller Löwen und Bären und Tiger.

Mutter: Kriech über die Couch zu mir herüber, ich halt' dir die Hand hin.

Jakob: Uah, da hab' ich in etwas Grausliches hineingegriffen, in etwas Glitschiges.

Mutter: Vielleicht in die Apfelbutzen, die du überall liegenläßt?

Jakob: Nein – ja – ich weiß nicht. Der Vati soll sich tummeln. Ich hab' im Finstern immer so Angst.

Mutter: Ich weiß, Jakob, darum bin ich ja auch gleich gekommen. Aber jetzt brauchst du keine Angst mehr zu haben, jetzt bin ich ja bei dir.

Jakob: Komm näher her.

Mutter: Da, nimm meine Hand. So. Und jetzt mach noch einen großen Hupfer. So, siehst du. (Sie umarmt ihn und setzt sich mit ihm auf die Couchecke.) Fürchtest du dich immer noch?

Jakob: Ich seh' im Finstern nicht, wo was ist …

Mutter: Probier mit den Fingerspitzen.

Jakob (tastet): Das sind deine Haare –

Mutter: Mhm.

Jakob: Und das ist dein Gesicht. Nase, Wangen, Mund. Jetzt kann ich dir ein Busserl geben. So. Und das ist deine Kette.

Mutter: Vorsichtig mit der Kette, Jakob.

Jakob: Dein Kleid knistert. Komisch, das hab' ich nie knistern gehört.

Mutter: Im Dunkeln spitzt man halt mehr die Ohren.

Jakob: Und was ist das? Da auf der Couch?

Mutter: Das? Laß mich fühlen. Ist das nicht die Flöte von der Elisabeth?

Jakob: Weil die auch immer alles herumliegen läßt. Und das da?

Mutter: Es raschelt, gelt? Was könnte es denn sein?

Jakob: Das Sachkundeheft von der Elisabeth. Ich erkenn' es an den Eselsohren.

Mutter: So, und jetzt gehen wir zur Tür hinüber, nur die paar Schritte, komm! (Sie gehen, es wird wieder Licht, Jakob hält die Mutter umschlungen.)

Jakob: Aaaah!

Vater (kommt zur Tür herein): Alles ist wieder in Ordnung! – Na, Jakob, war's arg im Dunkeln? Hast du's ausgehalten?

Jakob: Weil – weil die Mutti bei mir war.

Jakob hält's im Dunkeln aus

Jedes Kind hat Angst, ganz besonders im Dunkeln. Im Dunkeln ist das Kind ganz auf sich selbst zurückgeworfen, alles ist ganz anders und bedrohlich. Niemand ist da zum Anhalten. Wie furchtbar muß es für ein Kind sein, wenn es nicht Angst haben darf, „weil es doch ein Mann werden will", „weil es lernen muß, etwas auszuhalten", „weil es doch eh nicht so arg ist". Es ist dann mit seiner Angst allein, allein gelassen. Damit kann es die Angst nicht bewältigen, sondern muß sie verdrängen und wird um eine Chance der Reifung gebracht, die jede bewältigte Angstsituation darstellt.

Jakob darf sagen, daß er Angst hat, wie auf einmal alles furchterregend wird, wie ein gewöhnlicher Apfelputzen plötzlich etwas Grausliches ist. Jakob hält's im Dunkeln schließlich aus, „weil die Mutter bei mir war". Die Nähe eines Menschen, der für das Kind wichtig ist, hilft die Angst bewältigen. Die Dunkelheit ist dann nicht mehr so bedrohlich. Dabei könnte die

Mutter auch von ihrer eigenen Unsicherheit sprechen, wie sie selbst versucht, ihre Angst zu bewältigen. Aber auch Geschwister haben oft die gleiche Funktion. In ihrer „Gleichaltrigkeit“ stehen ihnen gelegentlich sogar mehr Möglichkeiten offen, Angstsituationen mitzutragen und bewältigen zu helfen, Geborgenheit zu geben.

Die Dunkelheit, erlebt in der Nähe eines Menschen, bei dem sich das Kind geborgen fühlt, kann auch ganz neue Erfahrungen ermöglichen und so helfen, die Dunkelheit auszuhalten, angesichts der Dunkelheit zu bestehen. In der Dunkelheit ist nicht nur alles bedrohlich anders, sondern auch überraschend anders. In der Dunkelheit hört Jakob vieles, entdeckt er vieles, das er vorher nicht gehört, nicht bemerkt hat. „Im Dunkeln spitzt man halt mehr die Ohren.“ Im Dunkeln helfen ihm auch die Finger, manches zu erspüren, manches zu entdecken. Aus der Erfahrung der Geborgenheit, der Nähe der Mutter kann Jakob die Angst bewältigen und der Dunkelheit ins Auge sehen. Es erinnert an die Geschichte von den Jüngern im Sturm, die in Dunkelheit, Sturm und hohen Wellen voll Angst waren, als Jesus schlief und sie ihn weckten. In der lebendigen Beziehung mit ihm erfuhren sie schließlich: Gott ist uns nahe. Die Angst und der Sturm legten sich.

Jakob sieht ein Ungeheuer

(Im Kinderzimmer. Es ist Abend, eine kleine Lampe brennt neben Elisabeths Bett. Sie liest ein Buch. Jakob kauert auf seinem Bett.)

Jakob (ängstlich): Du, Elisabeth –

Elisabeth: Stör mich nicht, es ist grad so spannend.

Jakob: Aber ich fürcht' mich so.

Elisabeth: Was ist los?

Jakob: Ich fürcht' mich. Dort hinter dem Vorhang ist ein Ungeheuer.

Elisabeth: Wo? Geh, Jakob!

Jakob: Zwischen den Vorhangfalten schaut es immer heraus.

Elisabeth: Ich seh' nichts.

Jakob: Sei froh, daß du es nicht siehst. Es hat zwei lange Zungen! Eine schleckt nach rechts, eine nach links. Uaaah!

Elisabeth: Das hast du dir ausgedacht, das Ungeheuer.

Jakob: Es ist aber trotzdem furchtbar grauslich. Immer schaut es her zu mir. Und die Mutti und der Vati sind weggegangen.

Elisabeth: Die sind nur auf einen Sprung zum Herrn Huber hinübergegangen, seinen Apfelstrudel kosten. Es ist noch gar nicht so spät. Aber wenn du willst, kannst du dich schon ausziehen und ins Bett gehen. Ich setz' mich ins Wohnzimmer zum Lesen, wenn dich das Licht stört.

Jakob: Huaah, du wirst mich doch nicht allein lassen mit diesem Ungeheuer – jetzt wächst es, glaub ich – es wird furchtbar groß –-

Elisabeth: Für ein furchtbar großes Ungeheuer ist in diesem Zimmer gar nicht Platz.

Jakob: Ich versteh' nicht…, daß der liebe Gott erlaubt …, daß es solche Ungeheuer gibt …

Elisabeth: Wenn du dir ein Ungeheuer ausdenkst, bist du selber schuld. Denk dir halt was Schönes aus.

Jakob: Das kann ich nicht, jetzt, wo das Ungeheuer da ist.

Elisabeth: Dann denk dir ein noch größeres Ungeheuer aus, das soll das erste schlucken.

Jakob: Meinst du? – Uahh, das zweite Ungeheuer ist noch viel gräßlicher als das erste. Es schnüffelt. Hörst du's nicht?

Elisabeth: Nein!

Jakob: Sei froh, daß du es nicht hörst. Jetzt hat es mich gerochen, das Ungeheuer. Jetzt schaut es her. Uaah!

Elisabeth: Es hat das erste Ungeheuer gerochen und aufgefressen. Oder?

Jakob: Ja, aber es hat noch Hunger.

Elisabeth: Denk dir ein drittes Ungeheuer aus, das soll das zweite fressen.

Jakob: Das müßte aber größer sein als unser Haus, mit so einem Maul. – Wer soll dann so ein großes Ungeheuer fressen? Uaah, Elisabeth, ich fürcht' mich.

Elisabeth: Komm her zu mir, Jakob, komm her zu mir.

(Jakob kommt und kuschelt sich an sie.)

Elisabeth: Wo steht es denn jetzt, das zweite Ungeheuer?

Jakob: Dort im Eck.

Elisabeth: Paß auf, das zaubern wir weg.

Jakob: Wohin denn?

Elisabeth: In das kleinste Schneckenhaus, das es in unserem Garten gibt. –

Schleckerbatzl, schleck,
sei kleiner als ein Schneck,
der Jakob hat dich hergedacht,
er denkt dich wieder weg! – Na?

Jakob: Ah – es ist fort!

Elisabeth: Na siehst du.

Jakob: Ist es jetzt in einem Schneckenhaus?

Elisabeth: Höchstwahrscheinlich.

Jakob: Aber ein Ungeheuer, das in einem Schneckenhaus wohnen kann, ist ein lustiges Ungeheuer. – Das muß ich morgen der Kathi erzählen. – Was frißt es denn, so ein winzig kleines Ungeheuer?

Elisabeth: Es lutscht den süßen Saft aus den Kleeblüten.

Jakob: Hoffentlich findet es welche (kauert sich neben Elisabeth und schläft ein).

Elisabeth: So etwas, jetzt schläft er auf meinem Bett ein. (Sie streichelt ihn ein bißchen, dann löscht sie das Licht aus.)

Jakob sieht ein Ungeheuer

Angst ist eine notwendige Erscheinung im Prozeß des Reifens. Ein Kind kann ungeheure Angst haben. Dann kommen auch die Ungeheuer. Vielleicht ist es nur ein Lichtschatten im ungewohnt dunklen Zimmer. Wie stark sich Gegenstände in der Dunkelheit verändern können, wissen auch Erwachsene, wenn sie durch einen dunklen Wald gehen. Vielleicht ist das Ungeheuer auch ein Rest des Tages, irgendwo gesehen oder aufgeschnappt. Jetzt ist es jedenfalls da. So wirklich wie die Angst und so fürchterlich wie die Angst, von der Jakob befallen ist. Die kindliche Phantasie hilft ihm, es sich noch ganz genau auszumalen: „Angst essen Seele auf." Eltern, die das Ungeheuer wegleugnen, für Unfug oder Jakob für unvernünftig erklären, können ihm nicht helfen. Er würde sich in seiner Angst nur noch mehr allein gelassen und unverstanden fühlen.

Eltern können sich aber auch von Elisabeth anregen lassen zu einem „Ungeheuervernichtungsspiel", oder sie könnten Jakob eine „Ungeheuervernichtungsgeschichte“ erzählen. Damit verdrängen oder leugnen sie nicht seine Angst, sondern helfen ihm, Mut zu bekommen, seine Angst zu bewältigen. Gerade in der phantastischen Geschichte oder im phantastischen Spiel wird die Verkrampfung, in die Jakob gekommen ist, gelöst. Der Deckel, mit dem sein Unbewußtes niedergehalten wird, wird so ein Stück gehoben. Er kann wieder Luft holen, durchatmen und erlöst einschlafen.

Wie sehr unsere technisierte und konsumzivilisierte Welt nur das Handgreifliche, Überprüfbare und somit Vordergründige gelten läßt und die Phantasie tötet, zeigen die für viele überraschenden Erfolge von phantastischen Geschichten. Es gibt zunehmend einen Hunger nach Phantasie. Das Echo auf die „Unendliche Geschichte“ von Michael Ende beweist es.

Die Phantasie kann zu einem „dritten Auge“ werden, das gleichsam einen Tiefenblick hat, mehr sieht, das Innere sieht. Mit ihr kann man lernen, daß das Vordergründige und Sichtbare nicht schon die ganze Wirklichkeit ist.

So kann sie auch eine Hilfe sein, die übersinnliche, geistige Wirklichkeit Gottes wahrzunehmen. Gott selbst darf aber kein Gegenstand des Phantasierens sein, das Kind sollte sich Gott nicht ausmalen, sondern sollte zum Meditieren – und das heißt: zur persönlichen Kontaktaufnahme – angeregt werden.

buchkirchen
öffentliche
bücherei

Jakob fühlt sich sehr zu Hause

(Vor dem Haus. Der Vater auf dem Bankerl mit Zeitung. Aus dem Garten hallen Hammerschläge. Der Vater zuckt einige Male zusammen.)

Vater: Daß man hier nie wirklich Ruhe haben kann, wenn man müde nach Hause kommt –

Jakobs Stimme: Du, Vati, komm einmal her, halt mir das, bitte!

Vater (steht seufzend auf und geht nach links. Man sieht, wie Jakob an einer großen Hundehütte arbeitet.)

Jakob: Wie gefällt dir meine Hundehütte?

Vater (hält das Dach, Jakob hämmert): Um Gottes willen, werden wir einen Bernhardiner haben?

Jakob: Nein, nein, überhaupt keinen ständigen Hund. Das ist doch nur eine Besuchshundehütte für den Flocki, wenn er mit der Kathi auf Besuch kommt. Damit er sich bei uns zu Hause fühlt.

Vater: Dann bin ich beruhigt.

Jakob: Noch dazu ist die Hundehütte groß genug, daß auch die Kathi und ich drin sitzen können. Bei Regen. Oder wenn wir ein Geheimnis haben. Und überhaupt.

Vater: Aha. Aha.

Jakob: Die Kathi ist gern bei uns. Fast lieber als bei ihren Eltern, denn die streiten oft.

Vater: Oje.

Jakob: Die Kathi sagt, sie fühlt sich bei uns mehr zu Hause, wir haben es gemütlicher. – Die Kathi darf eh kommen, wenn sie mag, oder?

Vater: Von mir aus, sooft sie mag – und wenn es ihre Eltern erlauben.

Jakob: Komisch, ich hab' mehr Plätze zum Zuhausfühlen als die Kathi. Ich hab' nachgezählt. Drinnen im Haus, im Garten, bei der Omama, in dieser Hundehütte und bei der Kathi. Manchmal sogar im Wald, wenn ich weiß, daß ihr in der Nähe seid. – Und du, wo fühlst du dich zu Hause?

Vater: Hm. Am ehesten dort, wo die Mutti ist. Ja. Überall dort, wo die Mutti ist.

Jakob: Egal wo?

Vater: Wo's der Mutti Spaß macht, dort bin ich auch gern und fühl mich zu Hause. Weil wir uns gern haben.

Jakob: Was machen dann die, die niemanden zum Gernhaben haben? Wo fühlen sich die zu Hause?

Vater: Hm – ich weiß nicht –

Jakob: Halt beim lieben Gott, nicht? Der mag nämlich alle gleich.

Vater: Beim lieben Gott, ja, da darf sich jeder zu Hause fühlen.

Jakob: Na dann – dann haben die auch jemand –

Vater: Du, der liebe Gott darf aber für uns keine Ausrede sein, daß wir uns nicht um die kümmern, die sich nirgends zu Hause fühlen. Im Gegenteil. Gott will, daß wir allen Menschen helfen, damit sie sich auf der Erde so halbwegs zu Hause fühlen. Aber (Seufzer) da gibt es noch viel zu tun, bis es so weit ist, daß jeder ein Platzerl hat.

Jakob: Also für den Flocki und für die Kathi haben wir jetzt ein sehr schönes Besuchsplatzerl. (Vater zieht sich zurück. Kathi kommt mit Flocki von links.)

Kathi: Hallo, Jakob! Den ganzen Nachmittag hör' ich dich hämmern –

Flocki: Wuff! (Nimmt die Hundehütte in Besitz.)

Jakob: Flocki, du bist ein gescheiter Hund!

Kathi: Jö, ist die Hütte schön. Und so groß. Fast zu groß für *einen* Flocki.

Jakob: Ich glaube, es ist Platz für uns alle drei – (Sie kauern sich in den Eingang.)

Jakob: Flocki, wie fühlst du dich?

Flocki: Wuff!

Jakob: Und du, Kathi?

Kathi: Gut. Wie zu Hause. Mehr zu Hause als zu

Hause. Ganz, ganz gut.
Jakob: Ätsch, ich weiß, warum!
Kathi: Na, warum denn?
Jakob: Weil ich dich mag. (Sie schaut ihn an.)

Jakob fühlt sich sehr zu Hause

„Hier bin ich angenommen, hier habe ich einen Platz, hier kann ich leben und mein Leben gestalten, hier bin ich geborgen, hier bin ich bejaht, hier gehöre ich dazu." Das sind jene Grunderfahrungen, die ein Kind sich zu Hause fühlen lassen. Sich-zu-Hause-Fühlen beruht auf der Erfahrung gesicherter, tragfähiger Beziehungen. Dabei kann es sehr lebendig, laut und belastend zugehen. Jakob fühlt sich zu Hause, nicht weil er Angst vor der Welt hat, nicht weil die Wohnung so behaglich eingerichtet ist. Nicht primär die Behausung („Hundehütte"), sondern die persönlichen Beziehungen („Weil ich dich mag") sind bestimmend für die Erfahrung des Sich-zu-Hause-Fühlens. Womit die Bedeutung einer kindgerechten und von Kindern auch veränderbaren Wohnungsgestaltung keineswegs unterschätzt werden soll. Durch den Bau der Hundehütte zeigt Jakob, daß die Erfahrung des Sich-zu-Hause-Fühlens zur Weltgestaltung ermutigt. Grundvertrauen und Selbstwertgefühl sind gleichsam der Boden, auf dem alles Weitere bestens gedeiht. Jakob will auch anderen seine Erfahrung ermöglichen. Andere in die Beziehung hereinzunehmen, ihnen einen Platz zu geben, gibt der Familie eine bereichernde Offenheit.

Das Sprechen von Gott kann kein Ersatz für diese Erfahrung mitmenschlicher Geborgenheit sein. Das Sprechen von Gott, bei dem wir alle geborgen sind, kann aber unser Grundvertrauen stärken und uns zu vertrauensvollen Beziehungen mit anderen ermutigen. Eltern sollten aber erst dann von der Geborgenheit bei Gott sprechen, wenn das Kind bereits einen Zugang zu inneren Erfahrungen hat. Sonst besteht die Gefahr, daß sich das Kind ein körperliches Beschütztwerden und Geborgensein vorstellt. „Mir kann nichts passieren."

Das Sprechen vom Geborgensein bei Gott muß aber auch glaubwürdig sein durch eine Familienatmosphäre, die dem Kind Nestwärme gibt, durch eine Eltern-Kind-Beziehung, die ihm die Erfahrung des Sich-verlassen-Könnens ermöglicht. Nicht auf Grund bestimmter Leistungen oder Eigenschaften muß sich das Kind erst die Zuwendung der Eltern erwerben, sondern es bekommt die Zuwendung um seiner selbst willen geschenkt. Dadurch muß es auch nicht immer Angst um diese Zuwendung haben und wird in seinem Selbstwertgefühl gestärkt.

Jakob will getröstet sein

(Kinderzimmer. Mutter beim Wäschestapeln oder Bettenmachen. Jakob kommt herein und schmiegt sich an sie.)

Mutter: Na, Kind, was ist denn –

Jakob: Du –

Mutter (ermunternd): No, Jakob –

Jakob: Da hab' ich in einem Buch von der Elisabeth – im Religionsbuch –, da hab' ich so ein trauriges Bild gesehen – von der Muttergottes –

Mutter: Was war denn da drauf auf dem traurigen Bild?

Jakob: Die Maria, wie sie weint und so (zeigt es) die Hände vors Gesicht hält –

Mutter: Weißt du, warum die Maria so traurig war?

Jakob: Wegen Jesus –

Mutter: Sie hat um ihren Sohn Jesus getrauert, der am Kreuz gestorben ist.

Jakob: Hat sie denn keiner getröstet?

Mutter: Also – ganz bestimmt hat Jesus selber sie getröstet, wie er aus dem Grab wiederauferstanden ist.

Jakob: Und vorher?

Mutter: Vorher hat der Johannes sie getröstet, das war der Freund von Jesus.

Jakob: Hat er die Maria gut getröstet?

Mutter: No, ich weiß nicht, jedenfalls war die Muttergottes nicht allein in ihrem großen Kummer.

Jakob: Gelt, man muß alle traurigen Leute trösten …

Mutter: Ja, das will auch Jesus, daß man das tut. Traurige Leute muß man trösten, und mit fröhlichen Leuten soll man fröhlich sein (sie streichelt Jakob). Magst du nicht an deinem Schifferl weiterarbeiten? Heute wär' ein schöner Tag dazu –

(Schnitt – Garten. Jakob mit Boot beschäftigt. Kathi am Zaun, mit Flocki.)

Kathi: Hallo, Jakob!

Jakob (schaut auf): Grad hab' ich an dich gedacht. Magst du mir wieder helfen?

Kathi: Heute nicht, Jakob. Heute bin ich viel zu traurig.

Jakob: Traurig bist du? Warum denn?

Kathi: Ach, Jakob –

Jakob: Komm, setz dich in unser Schifferl.

Kathi: Ich muß aber gleich wieder gehen – (Flocki drückt sich an sie.)

Jakob: Schau, wie der Flocki dich mag. Der spürt, daß du traurig bist.

Kathi (sitzt im Boot): Es ist wegen der Susi. Stell dir vor, die ziehen um, weit weg, in eine andere Stadt. Schon bald. Drum bin ich traurig.

Jakob: Oje. Deine Freundin. Da wär' ich, glaub' ich, auch traurig.

Kathi: Im Kindergarten haben wir immer unsere Jausenpackerln getauscht. Die Susi hat meine Karotten gegessen und ich ihr Liptauerbrot und den Paprika.

Jakob: Hm!

Kathi: Wenn wir Puppen spielen, ist sie immer der Vater. Ich werde niemanden mehr zum Spielen haben, wenn die Susi fort ist.

Jakob: Geh, Kathi, der Vater bei deinen Puppen könnte auch ich sein …

Kathi: Meinst du –

Jakob: Und mit dir das Jausenpackerl tauschen -

Kathi: Wenn ich schon schreiben könnte, ich kann derweil nur Kathi schreiben. – Ich würde der Susi jeden Tag einen Brief schreiben.

Jakob: Du kannst auf ein Band sprechen, weißt du, mit einem Kassettenrekorder. Die Elisabeth schickt ihrer Freundin immer Kassettenbriefe. Sie zeigt dir bestimmt, wie so was geht. Da erzählst du der Susi einfach, was du gemacht hast. Hallo, Susi, heut war ich beim Jakob, und stell dir vor, das Schifferl ist fertig, und wir sind damit auf dem Meer gefahren und umgekippt, und der Flocki hat uns alle retten müssen.

Kathi (kichert): Geh, das glaubt uns die Susi nie!

Jakob: Hat sie einen Kassettenrekorder?

Kathi: Weiß nicht. Du, das muß ich sie gleich fragen. Solche Briefe täten ihr Spaß machen (steigt aus dem Boot). Ich geh' und frag' sie gleich. – Du bist ein lieber Jakob. – Flocki, komm!

Flocki: Wuff! (Beide ab.)

Jakob (allein an sein Boot gelehnt): Ich glaub', die Kathi hab' ich gut getröstet! – Und wer spielt jetzt mit mir? – Wenigstens den Flocki hätte sie mir dalassen können! – Gut, daß *ich* jetzt grad nicht traurig bin. – Es wär' keiner da, der mich tröstet. Nein, nein, ich bin ja nicht traurig, nur ein bißchen allein – wenn die Mutti nicht da ist, oder der Vati, oder die Elisabeth, oder die Kathi, wer tät' mich trösten? – Vielleicht tät' mich der Wind trösten – Wuiwuiwuiwui, tät' der Wind sagen, bist eh nicht allein! – Oder ein Vogel – oder ein Baum – vielleicht… (energisch:) Wenn ich wirklich einmal traurig bin, lieber Gott, gelt, dann schickst du mir einen, der mich tröstet?! Du läßt mich nicht allein?! Abgemacht! Du, ich verlaß mich auf dich!

Jakob will getröstet sein

Menschen stehen heute oft hilflos der Trauer anderer gegenüber. Es fehlen die Worte über gesellschaftliche Floskeln hinaus. Es fehlen die Gesten, es fehlen die Tränen. Der Trauernde bleibt allein in seiner Trauer. Da gibt es dann oft den hilflosen Versuch, Trost zuzusprechen. „Nimm es nicht so hart." „Es wird schon werden." „Es ist nicht zu ändern. Du mußt darüber hinwegkommen."

Ist das ein Trost, das Leid nicht so ernst zu nehmen, gleichsam auf die Trauer zu verzichten?

Von Jakob könnte man trösten lernen. „Da wäre ich auch traurig." Er trauert mit. Trauern um den Verlust der Freundin, das ist berechtigt. In diesem Anteilnehmen hat er Ideen, wie Kathi den Verlust der Freundin bewältigen kann. Er bietet sich als Ersatz an. Das hilft noch nicht viel, erst der Gedanke der Kassettenbriefe weckt in Kathi wieder ihre Lebensgeister. Der Verlust der Freundin hat nicht den Verzicht auf jede Beziehung zur Folge. „Ich glaube, die Kathi habe ich getröstet!"

Und wer tröstet Jakob? Die Szene zeigt beispielhaft, wie feinfühlend und überlegt angesichts von Leid und Trauer ein Hinweis auf Gott erfolgen soll. Das Reden von Gott ist kein Ersatz für die mitmenschliche Zuwendung. Die mitmenschliche Zuwendung kann vielmehr zum Ort der Gotteserfahrung werden. „Den schickt mir Gott." Für ein Kind heißt getröstet zu werden, jemanden haben, bei dem man sich ausweinen kann, mit dem man spielen kann. Es wäre daher verhängnisvoll, dem Kind zu sagen: „Gott tröstet dich." Das Getröstetwerden von Gott und Geborgensein bei Gott ist von anderer Art, als es das Kind durch die Eltern oder Freunde erhält. „Dann schickst du mir einen, der mich tröstet." In diesem Bittgebet wendet sich Jakob vertrauensvoll an Gott, nicht damit er die menschlichen Anstrengungen und Beziehungen ersetze, sondern weil er die Beziehungen der Menschen ermöglicht.

Gott tröstet nicht als Allmächtiger, sondern jeder, der dem Leidenden und Trauernden beisteht, ist ein Bote Gottes.

Jakob erfindet ein Gebet

(Im Garten neben dem Haus. Jakob auf der Schaukel. – Diese Szene verhaltener spielen als die übrigen.)

Jakob (schaukelt, murmelt vor sich hin): Ich bin da. Du bist da. Wir beide sind da. (Er steigt herunter und hüpft auf einem Bein.) Ich bin da! Du bist da. Wir beide sind da. Hm! (Er setzt sich an die Hauswand und probiert Stillsitzen.) Und wenn ich gar nichts tu' – wenn ich ganz still bin … Ich bin da. Du bist da. Wir beide sind da. (Zufrieden.) Es stimmt immer. (Geht wieder schaukeln.) Ich bin da, du bist da –

Vater (kommt vom Büro): Na, da bist du ja, Jakob.

Jakob (läßt sich nicht stören): Grüß dich. – Lieber Gott! Ich bin da, du bist da, wir beide sind da.

Vater: Ist das ein neuer Auszählreim?

Jakob: Nein. Das ist etwas ganz anderes. Das ist ein Gebet, das ich gerade erfunden hab'.

Vater: Ein Gebet?!

Jakob: Weißt du, die Gebete im Kindergarten, die waren mir zu fad. Immer dieselben. Und manche Sprücherln passen nur zum Essen oder nur zum Aufwachen in der Früh. Ich hab' ein Gebet erfunden, das immer paßt. Soll ich's dir sagen?

Vater (lehnt sich an die Wand): Bitte, sag's mir halt.

Jakob (schaukelt, aber mit einer gewissen Feierlichkeit): Lieber Gott!
Ich bin da.
Du bist da.
Wir beide sind da.

Vater: Ja, und wie geht's weiter?

Jakob: Gar nicht. Das war's. Genügt doch, oder?

Vater: Naja, das klingt ein bißchen ungewohnt für mich –

Jakob: Lieber Gott! – Wenn ich das sage, denkt sich der liebe Gott: Aha, der Jakob ruft mich. Da muß ich ihm zuhören. – Ich bin da. – Klar, nicht? – Du bist da. – Der liebe Gott, sagt die Mutti, ist nämlich immer da, überall.

Vater: Da hat sie recht, die Mutti, natürlich.

Jakob: Na, und wenn ich da bin, und der liebe Gott ist da, dann sind wir beide zusammen da – das ist doch schön, nicht? Und es stimmt überall. Beim Spielen, beim Essen, beim Trommeln, beim Bilderbuchanschauen, überall. Ich hab's ausprobiert.

Vater: So betrachtet, hast du recht, mein Sohn.

Jakob: Wenn es dir gefällt, mein Gebet, dann kannst du's haben. Ich schenk' es dir.

Vater (verlegen): Oh, das ist – hm – danke –

Jakob: Wir können es beide sagen, dieses Gebet. Jeder, wo er gerade ist. Meinst du, es paßt auch fürs Büro?

Vater: Hm – na, warum denn eigentlich nicht –

Jakob: Und im Autobus?

Vater: Oja –

Jakob: Du, Vati, ich sag' dir was: Probier mein Gebet morgen aus, überall, und sag' mir am Abend, ob es gestimmt hat .

Vater: Gut, wenn du das möchtest. – Ich werde einen – einen Test machen.

Jakob: Weißt du noch, wie's geht?

Vater: Lieber Gott, ich bin da, du bist da, wir beide sind da!

(Jakob schaukelt vergnügt.)

Jakob erfindet ein Gebet

In manchen Kreisen verstärken sich wieder die Forderungen nach einem festen Gebetsschatz der Kinder. Man könne nicht früh genug damit anfangen. Offensichtlich ist in einer Zeit des Umbruches das Bedürfnis nach festen Formen und Formeln besonders groß. Lernt aber ein Kind zuerst geformte Gebete, dann gewöhnt es sich an das Beten als Auswendigsprechen meist fremder Worte. Lernt aber ein Kind zuerst innezuhalten, sich zu sammeln, sich einzubringen, von sich zu erzählen, und trägt es dann alles, was es bewegt, von den Eltern angeregt, vor Gott, dann erfährt es, daß beten heißt: antworten auf die Erfahrung, von Gott beim Namen gerufen zu sein, von Gott geliebt zu sein.

Jakob sagt: „Ich bin da." Er ist getragen von einem großen Vertrauen und weiß, er ist wer. Die Geschichte vom kleinen Ich-bin-ich (Mira Lobe) erzählt von einem Tier, das, unsicher, wer es sei, alle Tiere fragt, um am Ende zu erkennen: Ich bin ich. Ich bin einmalig. Ich bin nicht die Kopie eines anderen. Ich darf ich sein. Diesen Weg hat Jakob schon zurückgelegt. Die Psychologie würde sagen, er hat ein Selbstwertgefühl aufgebaut.

Er spricht diese Worte aber nicht zu sich, sondern über sich hinaus. Er gibt Antwort auf das Angesprochensein durch Gott: „Herr, hier bin ich." Jakob erahnt, erfährt die Nähe Gottes mitten in der Welt, mitten im Leben. Gott ist für ihn nicht jenseits der Welt, im Jenseits, über den Sternen, Gott ist für ihn keiner, der alles sieht und weiß und kann. Gott ist einer, von dem er sich getragen weiß: „Du bist da."

Dabei erlebt er Gott nicht gegen sich gerichtet, nicht als einen, der ihn unterdrückt, in die Knie zwingen, beherrschen will. Gott richtet auf, ist dem Menschen zugewandt, der Mensch ist auf Gott ausgerichtet. Von dieser Beziehung ist Jakob erfüllt. „Wir beide sind da." So einfach ist Beten und so grundlegend die Erfahrung, die hier zum Ausdruck kommt. Jakob, ein Kind, kann uns beten lehren.

Damit Gebet Ausdruck einer Lebenserfahrung des Kindes ist, damit das Kind das Sprechen von Gott als sinnvoll erfahren kann, sollte das Kind zuerst zu Stille und Meditation angeregt werden. Bernhard Grom empfiehlt Übungen zur Stille und zum gesammelten Wahrnehmen (entspannt sitzen und mit geschlossenen Augen hören oder etwas erfühlen), Imaginationsübungen (entspannt und mit geschlossenen Augen trotz Mauern und Türen „sehen", was Eltern jetzt tun oder denken), aber auch Übungen zur Körpererfahrung (Selbsttätigkeit des Atems, Wärme u. ä.)

Bei allen wichtigen Gesprächen und daher auch beim Gebet sollten Eltern und Kinder sich erst sammeln. Dann kann das Kind angeleitet werden, mit eigenen Worten, ausgehend von „den ihm erschlossenen Grunderfahrungen des Dankens, Vertrauens und Mitliebens", zu beten. Kindgemäße vorformulierte Gebetselemente, die Eltern ihrem Kind anbieten, können dann seine Ausdrucksfähigkeit erweitern. Im Vordergrund steht aber immer die Besinnung des Kindes auf die eigenen Erfahrungen und Worte.

Ich freue mich – *Positive Lebenseinstellung*

Religiöse Erziehung war immer wieder ein Mittel der Unterdrückung, war gegen das Kind und seine Bedürfnisse gerichtet und zielte auf Anpassung, auf Funktionieren, auf bestimmte religiöse Praktiken. Dies deckte sich mit dem Bild des Christen, der mehr Vorschriften zu erfüllen hatte als jene Menschen, die sich ungläubig nannten.

Es entstand der Eindruck, als wolle religiöse Erziehung den Lebensnerv ziehen, als würde sie die Lebenskraft und auch die Lebensfreude lähmen. Religiöse Erziehung wurde daher als einengend und nicht als befreiend, als bedrückend und nicht als ermutigend, als angstmachend und nicht als das Vertrauen stärkend erfahren.

Adolf Exeler meinte, die Gültigkeit eines jeden Aspektes religiöser Erziehung könne daran gemessen werden, „wieweit sie dazu beiträgt, daß der Mensch zu sich kommt, indem er über sich hinausgeht".

In einer warmen Sommernacht habe ich einmal mit unserem Vierjährigen auf einem Berg im Freien übernachtet. Mitten in der Nacht wird er munter, sieht über sich den Nachthimmel und sagt: „So viele Sterne!" Kinder haben offensichtlich eine Fähigkeit, die Natur mit ganz besonderer Intensität aufzunehmen, sich beeindrucken zu lassen. Jeder kennt die ansteckende Begeisterung der Kinder über den ersten Schneefall. In den Donauauen bei Wien wächst im März ein Meer von Schneeglöckchen. Zu dieser Zeit dort mit Kindern spazierengehen, läßt erfahren, was Lebenslust heißt.

In einem Familienklima, das Grundvertrauen und Selbstwertgefühl fördert, gedeiht auch die Lebensfreude und positive Lebenseinstellung. Von ihr sollte das erste ausdrückliche Sprechen von Gott ausgehen. Voraussetzung dafür ist, daß das Kind bereits gelernt hat, sich zu sammeln und auf innere Erfahrung aufmerksam zu werden, von denen her es das Sprechen von Gott verstehen soll.

Von diesem Ansatz der Lebensfreude und positiven Lebenseinstellung aus ist am ehesten zu erwarten, daß eine reife Religiosität grundgelegt wird, die bereichernd, lebenstiftend, ansprechend erlebt wird und zur Hingabe ermutigt.

Bernhard Grom: „Das Kind sollte dort erstmals von Gott und Gottesverehrung sprechen hören, wo es ein Stück Welt entdecken, genießen und bewundern lernt, wo es die Erfahrung macht und ausdrückt. ‚Das ist schön, das ist herrlich!'" Bernhard Grom schlägt vor, eine für das Kind besonders wichtige und bereichernde Positiverfahrung zu vergegenwärtigen. Das können Schönheiten der Natur sein, Fähigkeiten des Kindes oder Erfahrungen mit anderen Menschen. Daran anschließend könnten die Eltern oder Erzieher von ihrem Glauben Zeugnis geben: „Daß es dies gibt (daß wir das tun können), verdanken wir einem ganz Guten und Großen. Auch daß es uns Eltern (Erzieher), unsere Großeltern und überhaupt Menschen gibt, das ganze Leben, die ganze Welt, verdanken wir ihm. Er schenkt es uns, damit wir uns freuen und auch anderen Freude machen können. Wer will, kann sich jetzt vor ihm verneigen und ihm ‚danke' sagen." (Stille und Pause, dann:) „Danke, großer Gott, danke, guter Vater, danke für … (die schöne Blume, meine Mutter, die Oma usw.) – danke für alles, was schön ist. Danke für meine Augen, die es sehen können (meine Hände usw.) – danke, daß ich lebe und daß du so gut bist."

Diese Gedanken könnten die Kinder anschließend auch in Farbe, Bewegung und musikalisch ausdrücken. Bei einer anderen Gelegenheit könnte man vielleicht weiterführen: „Danke, daß ich lebe. Ich will auch an das Schöne denken, wenn ich einmal traurig bin. Mach du mich mutig und tapfer, wenn es mir schlechtgeht. Danke." Somit wird das Lob- und Dankgebet die erste und prägende Gebetserfahrung. Erst darauf aufbauend, sollte das Kind zum Bittgebet hingeführt werden.

Jakob und der Kressetopf

(Vor dem Haus. Bank unter dem Fenster. Fenster offen, auf dem Fensterbrett steht ein bemalter Blumentopf mit Erde und Samen. Elisabeth im Garten mit Gießkanne beschäftigt.)

Jakob (erscheint am Fenster, betrachtet den Topf): Hm! Noch immer nichts! (Beugt sich zu Elisabeth hinüber.) Du, Elisabeth! (Weil sie nicht gleich reagiert, drängender) Elisabeth! Geh, komm einmal, bitte! (Elisabeth zum Fenster) Glaubst du, steht er hier gut?

Elisabeth: Dein Kressetopf? Aber ja, Jakob. Da hat er Sonne.

Jakob: Aber es tut sich nichts. Ich schau' und schau', und es tut sich nichts. Eine ganze Handvoll Kressesamen hab' ich gesät, aber kein einziger will austreiben!

Elisabeth: Wird schon werden, Jakob. Du mußt dem Samen Zeit lassen. Glaubst du, daß er schneller austreibt, wenn du ihn dauernd anschaust?

Jakob: Aber ich wart' schon so drauf, daß er endlich treibt. Bis Ostern soll er sooo hoch werden. Da muß er doch anfangen, nicht? Sonst wird er nie so hoch! Weißt du, es soll ein richtiges grünes Kressenest werden, dieser Topf da. Ein grünes Kressenest mit einem roten Ei drin. Das schenk' ich dann der Kathi. – Gelt, Elisabeth, das ist ein schönes Geschenk!

Elisabeth: Oja.

Jakob: Wo ich doch auch den Topf selber angemalt hab' ... Gelt, das ist ein schöner Topf, Elisabeth, nicht?

Elisabeth: Ein sehr schöner Topf, die Kathi wird sich freuen. (Wieder weg vom Fenster und dem Garten zu.)

Jakob (am Fenster allein mit seinem Kressetopf): Du, Kressesamen, hörst du? Tummel dich, ich sag's dir! Ich-will-daß-du-dich-tummelst!!! – Du, Elisabeth!

Elisabeth: Ja – a –-

Jakob: Geh, bitte, komm einmal her mit der Gießkanne. Ich glaube, der Kressesamen braucht mehr Wasser. (Elisabeth kommt und gießt.) Genug! Genug! – Also, Kressesamen, jetzt hast du, glaub' ich, alles, was du brauchst: Sonne. Und Wasser. Und gute Erde. Jetzt mach keine Geschichten! Bitte treib aus! – Du blöder Kressesamen, treib endlich aus, sonst werd' ich noch grantig! (Trommelt mit den Fäusten aufs Fensterbrett.)

Elisabeth: Geh, Jakob, das Schimpfen nützt überhaupt nichts.

Jakob (hält inne): Ist eh wahr. Ich probier' was anderes. Ich weiß schon, was ich probier'! (Verschwindet vom Fenster.)

Elisabeth: Na, da wird er sich wieder was ausgedacht haben!

Jakob (kommt heraus, zu Elisabeth): Weißt du, was ich mir ausgedacht hab'? Was ganz Einfaches, es hätte mir gleich einfallen müssen. – Ich bitte den lieben Gott, daß er den Kressesamen schneller austreiben läßt!

Elisabeth: Geh, Jakob!

Jakob (setzt sich auf die Bank, sehr intensiv): Lieber Gott, mach, daß der Kressesamen schneller austreibt!

Elisabeth: Du, Jakob –

Jakob: Nein, stör mich jetzt nicht! – Lieber Gott, kannst du machen, daß der Kressesamen schneller austreibt? Du kannst alles machen! Oder? Bitte, mach, daß der Kressesamen treibt! Geh' bitte! Weil ich schon so drauf wart' ... Warum lachst du, Elisabeth?

Elisabeth: Weil mir das komisch vorkommt! (Setzt sich zu ihm.) Hör zu, Jakob! Der liebe Gott wird nicht deinetwegen den Kressesamen schneller treiben lassen! Der liebe Gott hat den Kressesamen so gemacht, daß er seine bestimmte Zeit zum Wachsen braucht. Du mußt halt Geduld haben.

Jakob (unwillige Knurrtöne): Ich will aber keine Geduld haben müssen.

Elisabeth: Oja, mit allem, was wächst, muß man Geduld haben. Da drüben, mit den Narzissen. Mit den Weidenkätzchen. Mit jedem Strauch, mit jedem Baum. Jeder braucht seine Zeit. Auch du brauchst deine Zeit zum Wachsen.

Jakob: Ich? Oh, ich wachse sehr schnell. Hast du eine Ahnung. Frag die Mutti. Gestern war sie mit mir Schuhe kaufen, weil meine Füße schon wieder gewachsen sind. (Springt auf, stampft herum.) Kressesamen, tummel dich! Kressesamen, tummel dich! – Du mit deiner Geduld! Geduld haben ist furchtbar schwer.

Elisabeth: Ja, das stimmt. Das spür' ich selber.

Jakob: Ja?

Elisabeth: Weil ich jetzt nämlich mit dir soviel Geduld haben muß!

Jakob: Mit mir? Wieso denn?

Elisabeth: Weil mir das auf die Nerven geht, wie du da herumzappelst und mit dem Kressesamen schimpfst. Ich muß Geduld haben und warten, daß du wieder ein gemütlicher Jakob wirst.

Jakob (erst unwillig, dann nachdenklich): Mhm! – Wartest du noch immer?

Elisabeth: Ja –

Jakob (setzt sich zu ihr): Weißt du, was ich der Kathi sagen werde? – Da hast du, Kathi, werde ich sagen. Das ist ein Kressetopf ganz für dich allein. Ich hab' den Samen gesät und gegossen und geschaut, wie er wächst. Und jetzt ist er so groß geworden, größer als dein Finger. Und das Ei gehört auch dir, werde ich sagen. Weil du meine Freundin bist. – (spricht nach oben, zum Samen.) Kressesamen, ich laß dich eh – ich schimpf' nicht. Nur ab und zu schauen will ich … (Steht auf, steigt auf die Bank.) Du, Elisabeth! Der eine braune Samen da ist geplatzt, das ist mir zuerst gar nicht aufgefallen! Etwas Kleines, Weißes leuchtet hervor!

Elisabeth (schaut auch): Der erste Keim!

Jakob: Ist das aufregend! Morgen wird er schon ein bißchen größer sein! – Ich freu' mich. Jö, wie ich mich freu'. – Laß dir nur Zeit, du Keim du! Nur nicht hetzen! Ich schau' dir gern beim Wachsen zu!

Jakob und der Kressetopf

Jakob zeigt die typische Ungeduld des Kindes: „Tummel dich, ich sag's dir!" Er kann es nicht erwarten. Unruhig und zappelnd hat er keinen Zugang zur Natur, in der alles seine Zeit hat und seine Zeit braucht. Mit der ersten sichtbaren Veränderung, dem ersten aufgesprungenen Kressesamen, ist Jakob fasziniert und begeistert von dem Vorgang des Wachsens. Jetzt kann er es erwarten. „Nur nicht hetzen." Jetzt ist die Zeit des Wachsens eine Zeit der Freude für ihn. Er hat die Natur als eine aufregende Werde-Welt erfahren. Er wird in Zukunft die Veränderungen der Natur bewußter wahrnehmen und an ihnen Anteil nehmen. Es wird alles nicht mehr selbstverständlich vorhanden sein, sodaß man es gar nicht zur Kenntnis zu nehmen braucht. Nicht alles muß immer so sein. Es könnte auch anders werden. Die Welt hat eine Zukunft, sie verändert sich, sie ist eine Werde-Welt. Das sind Erfahrungen, die mit dem Säen des Kressesamens und dem Anteilnehmen an seinem Wachsen grundgelegt werden.

Jakob hat ein alterstypisches Bild von Gott, der alles kann. Er will nur entsprechend gebeten sein, dann greift er schon ein. Elisabeth gibt Jakob einen Anstoß, sein Gottesbild zu überprüfen: „Weil mir das komisch vorkommt." Sie sagt nicht zu ihm: „Das ist ein Unsinn. Du hast ein falsches Bild von Gott." Sie gibt ihm vielmehr Hinweise zum Nachdenken. Sie regt ihn damit an, in seiner Gottesvorstellung nicht steckenzubleiben. Gott hat mit dem Kressesamen eine Idee verwirklicht, Jakob soll versuchen, sich auf diese Idee Gottes einzulassen. Fixierungen und Einseitigkeiten im Gottesbild kann man nicht dadurch lösen, daß man sie für falsch und unzulässig erklärt, sondern indem man neue, hilfreiche, weiterführende Anregungen gibt.

Beim mittäglichen Suppenausteilen sagte die 6jährige: „Ah, davon hat die Religionslehrerin gesprochen, Gott, der Schöpfer!“ Diese Anekdote macht deutlich, wie wenig Erfahrungen das Kind mit dem Wort „Schöpfer“ verbinden kann. Spricht man aber zum Kind „Gott hat die Welt erschaffen“, so wird das Kind sich Gott als einen Riesenbaumeister vorstellen und fragen: „Wie hat er denn das gemacht? Die Berge und Seen, das Meer und die Fische?“ Erschließt man dem Kind aber die Welt als Geschenk Gottes, vertieft man also die Freude des Kindes an der Welt zur Freude über den, der uns alles geschenkt hat, dann stellt das Kind vielleicht die Frage: „Warum schenkt er uns das alles?“ und erahnt, wie sehr uns Gott liebt. Die Antwort auf ein Geschenk, das Freude macht, ist einfach „Danke“ oder „Wunderbar“. So ist das Dank- und das Lobpreisgebet der Anfang jeden Betens. Erfüllt von dem, was ich positiv, bereichernd erfahre, ergriffen von dem, der uns so liebt, gebe ich Antwort, einfach – frei. Das heißt Beten. Es ist der fruchtbarste Boden für eine reife Religiosität.

Das Streichelfest

(Kinderzimmer. Jakob sitzt grübelnd auf einem Hocker, Elisabeth spielt oder bastelt. In einer großen Bodenvase ein Strauß Palmzweige/Palmkatzerln.)

Jakob: Das war ein schöner Umzug gestern, mit den Palmbuschen.

Elisabeth: Gelt ja.

Jakob: Und was für ein Fest feiern wir heute?

Elisabeth: Heute?

Jakob: Ja, was für ein Tag ist heute?

Elisabeth: Heute ist Montag. Ein ganz gewöhnlicher Montag. Außer daß ich keine Schule hab' …

Jakob: Aber was feiern wir heute?!

Elisabeth: Nichts!

Jakob: Na geh. Kein Namenstag, kein Geburtstag, kein Nikolaus, gar nichts?

Elisabeth: Aber Jakob, in ein paar Tagen ist Ostern, das ist ein großes Fest!

Jakob: In wieviel Tagen?

Elisabeth: Noch fünfmal schlafen!

Jakob: So lang noch bis dahin! Ich will aber schon heute ein Fest feiern.

Elisabeth: Du willst wohl jeden Tag ein Fest feiern.

Jakob: Ein Tag ohne Fest – na, stell dir das einmal vor! Wenigstens ein kleines Fest könnten wir feiern. Geh, Elisabeth, denk nach!

Elisabeth: Ja, was soll ich denn tun, wenn heute kein Fest ist!!

Jakob (erstaunt): Ganz einfach: Wir denken uns eins aus! (Denkt nach.) Ein Haustor-Anmal-Fest, wär' das was? Jeder nimmt einen Farbtopf und malt ein lustiges Kasperlgesicht auf sein Haustor. Das schönste kriegt einen Preis.

Elisabeth: Und wer soll dieses Fest feiern?

Jakob: No, alle Leute in unserer Straße.

Elisabeth: Das feiern die nicht einmal im Fasching.

Jakob: Weil sie halt nicht wissen, daß es so ein Fest gibt.

Elisabeth: Nein, denk dir was anderes aus!

Jakob: Ein Omama-Kuchen-Back-Fest! Jede Omama in dieser Straße bäckt einen Kuchen, die Kinder gehen überallhin kosten. Die Omama, die den besten Kuchen gebacken hat, darf mit dem Hund von der Kathi spazierengehen!

Elisabeth: Da müßten aber alle Omamas einverstanden sein, und außerdem muß man so ein Fest gründlich vorbereiten!

Jakob: Ich weiß was! Ein Fest ohne Vorbereitung!

Elisabeth: Ja?

Jakob: Ein Streichelfest!

Elisabeth: Ein Streichelfest?

Jakob: Ein Streichelfest! Ich sag' schnell der Mutti und dem Vati, daß heute Streichelfest ist! Wenn es losgeht, ruf' ich dich!

(Im Garten hängt eine Wäscheleine mit Wäsche, Vater und Mutter haben gerade Wäsche aufgehängt.)

Jakob (stürmisch zu den Eltern): Vati, Mutti, wißt ihr schon? Heute ist Streichelfest!

Mutter: Was ist heute?

Jakob (streichelt sie, obwohl er sie zwischen der Wäsche nur mühsam erwischt): Streichelfest!

Vater: Mitten in der Arbeit kann man kein Fest feiern!

Jakob: Wieso denn nicht? Ein Streichelfest schon! (Zieht die Mutter und gleich darauf den Vater zum Bankerl.) Vati, du streichelst mich, und ich streichle die Mutti.

Vater: Aha! Und wer streichelt mich?

Mutter (setzt sich zwischen Vater und Jakob – wenn das Bankerl zu klein ist, sitzen die Eltern auf der Bank und Jakob vor ihnen auf dem Boden): Gut, daß ich zwei Hände hab' – (Streichelt Jakob, krault den Vater.)

Jakob: Elisabeth! Elisabeth! Schnell! Wir feiern schon!

Elisabeth (guckt aus dem Fenster): Ich komme! (Kommt während der nächsten Sätze dazu und kauert sich neben Jakob.)

Jakob: Ist so ein Streichelfest nicht wunderschön?

Mutter: Man kann es jederzeit feiern!

Vater: Es kostet auch nichts!

Elisabeth: Immer feiern kann man es nicht! Wenn die Mutti zum Beispiel gerade kocht und die Hände voll Knödelteig hat, kann sie bei einem Streichelfest nicht mittun!

Vater (in amüsiert-zärtlichem Ton): Oja, das bringt eure Mutti ohne weiteres zusammen!

Mutter: Ahso?

Vater: Wenn die Mutti nicht mit den Händen streicheln kann, dann streichelt sie einen mit Blicken! Stimmt's? So eine ist eure Mutti!

Elisabeth: Man kann auch mit Blicken streicheln?

Vater: Auch mit Worten! Wenn man was Liebes sagt …

Mutter: Man kann auch mit Gedanken streicheln! Denn wenn der Vati im Büro ist, muß ich ihn mit Gedanken streicheln, nicht?

Jakob: Kann ich das auch – mit Gedanken streicheln?

Mutter: Freilich! Das kann jeder! Mußt es nur ein bißchen üben!

Jakob (legt die Hände um die Knie, schaut herum und übt): Eiei, du Baum da drüben! – Eiei, Omama! – Eiei, Flocki! – Siehst, ich übe schon … Servus, mein schönes Schiff! – Eiei, Kathi …

Das Streichelfest

Ganz intensiv und jetzt leben. Das wollen und können Kinder. Mit allen Sinnen und mit Menschen, bei denen sie sich wohl fühlen. Die Freude am Leben, am Leben mit anderen findet im Festefeiern seinen entsprechenden Ausdruck. Es ist bereichernd, miteinander Feste zu feiern. Das ist das typisch Menschliche, was uns am deutlichsten vom Tier unterscheidet. Der Mensch hat Phantasie, Geschichte, er kann Feste feiern. Oder gibt es ein Tier, das die Kerzen auf seiner Geburtstagstorte ausbläst? Dann muß es gerade Aufgabe der Erziehung sein, diese besonderen menschlichen Fähigkeiten und Qualitäten anzuregen.

Man muß die Feste feiern, wie sie fallen. Und darüber hinaus noch jede Gelegenheit für ein Fest nützen. Ich erinnere mich noch sehr deutlich an eine Situation bei uns zu Hause. Wir wohnten in einer Altbauwohnung mit hohen Räumen. Eines Abends hat sich das heiße Öl in der Bratpfanne entzündet und lichterloh gebrannt. Unsere Mutter hat die Gitarre geholt, das Licht abgedreht, und wir haben zu diesem „Lagerfeuer" gesungen, bis es verloschen war. Zu einem Fest gehören demnach nur offene Augen für gute Gelegenheiten und eine ansteckende Freude am Leben.

Jakob hat mit seiner Idee vom Streichelfest auch intuitiv erkannt, wovon ein Fest letztlich getragen ist, nämlich von der Beziehung der Menschen, die hier vertieft und erweitert wird. Die positive Erfahrung der Lust, die im Streichelfest deutlich wird, ist ein wichtiges Anliegen der religiösen Erziehung. Die positive Körpererfahrung, der bereichernde Körperkontakt, ist eine notwendige Grundlage für eine Kultur der Zärtlichkeit des Erwachsenen.

Hier setzt eine Sexualerziehung an, die Sexualität nicht unterdrücken und sie auch nicht der Sexualtechnik oder dem Sexualsport ausliefern möchte, sondern als lustvoll, beziehungsbereichernd, lebenstiftend erschließt.

Keine Lust zu etwas zu haben, lustlos dahinzuleben, mit Unlust etwas tun zu müssen kann nicht die Bestimmung des Menschen sein. Zwar gibt es egoistische und gottlose Kümmerformen der Lust, doch Jakob zeigt die menschliche und gotterfüllte Lust, Lebenslust, die zusammenführt, bereichert, eine positive Lebenseinstellung begründet. Solche Situationen sind Gelegenheiten, in denen Eltern mit ihren Worten das Kind anregen könnten, Gott für das Leben, für die Freude, die Welt und die guten Ideen für dieses Fest zu danken. Gott, der uns dies alles geschenkt hat.

Die Szene vom Streichelfest regt das Kind aber an, innere Vorgänge und innere Erfahrungen wahrzunehmen: „Man kann auch mit Gedanken streicheln." Damit wird das Kind eingeladen, über die Welt der Gegenstände hinaus zu einem tieferen Verständnis von Beziehung und Wirklichkeit zu kommen. Das Kind kann dies umso besser, je mehr es schon geübt hat, sich in Situationen oder Menschen hineinzuversetzen, die nicht unmittelbar da sind.

Jakob probiert die Anregung, in Gedanken zu streicheln, in der typischen Art kindlichen Nachahmens aus. Die Geschichte endet, bevor er eine Antwort bekommt. Es bleibt offen, ob Jakob zu einer inneren Erfahrung findet. Das hängt wesentlich von seiner Fähigkeit des Innewerdens ab.

Jakob hilft dem lieben Gott

(Im Garten. Jakob neben Gartengerät, Gießkanne, Korb. Vermutlich hat er gerade der Mutter geholfen. Aber jetzt hat er auf einem Zweig einen kleinen Vogel entdeckt, der aus Leibeskräften flötet.)

Jakob (ohne den Kopf zu drehen, flüsternd): Mutti, hörst du?

Mutter (etwas weiter entfernt): Den Vogel? Ja. Der legt sich ins Zeug.

Jakob: Sein Bauch zittert vor lauter Singen. Das schaut lieb aus. (Vorsichtig nach rückwärts gehend, ohne den Vogel aus den Augen zu lassen.) Daß ich ihn ja nicht stör'. Vielleicht will er in unserem Garten wohnen. Vielleicht gefällt es ihm bei uns. (Zur Mutter:) In unserem Garten wohnen viele Tiere. Besonders Schmetterlinge.

Mutter: Tagpfauenaugen haben wir heuer viele gehabt. Und weißt du, warum? Weil ich die Brennesseln nicht abgemäht hab'. Die Raupen der Tagpfauenaugen leben auf Brennesseln.

Jakob: Auch Distelfalter haben wir gehabt. Auf jeder Distel einen.

Mutter: Ja, weil ich auch ein paar Disteln stehen lasse. Die meisten Leute reißen die Disteln aus, weil sie Unkraut sind. Aber ich mag Disteln. Ich finde sie schön. – Die dort zum Beispiel. Schau sie dir einmal genauer an.

Jakob (bei einer Distel): Wieso ist sie so schön, wenn sie ein Unkraut ist?

Mutter: Ah, die Menschen nennen alles Unkraut, was ihnen nicht direkt nützt. Wenn die Distelfalter und die Distelfinken verstehen könnten, daß wir zu ihren Disteln Unkraut sagen, die würden ganz schön mit uns schimpfen.

Jakob: Mir gefällt die Distel.

Mutter: Wenn du Blumen und Blätter ganz aus der Nähe anschaust, merkst du erst, wie wunderschön sie alle sind. Manchmal denk' ich mir: Der liebe Gott muß große Freude gehabt haben, wie er das alles geschaffen hat. Sonst wär' nicht alles so schön.

Jakob: Aber die beiden Bäume auf dem Brunnenplatz sind nicht so schön. Die haben runzlige Blätter, fleckige Blätter. Die hat sich der liebe Gott nicht so schön ausgedacht.

Mutter: Da kann der liebe Gott nichts dafür, daß diese Bäume nicht so schön sind. Sie vertragen unsere Stadtluft nicht. Und das Salzstreuen im Winter. Da werden sie krank und sterben. Viele Pflanzen und Tiere müssen aussterben, weil die Menschen sich zuwenig um sie kümmern.

Jakob: Vielleicht haben die Leute nicht so genau hingeschaut und wissen nicht, wie schön die Blumen und Schmetterlinge sind.

Mutter: Vielleicht.

Jakob: Vielleicht, wenn ich groß bin, werde ich Plakatschreiber. Ich schreibe: „Achtung, diesen Baum hat sich der liebe Gott schön ausgedacht, bitte nicht kaputtmachen!" An jeden Baum hänge ich so ein Plakat.

Mutter: Ob das was nützt – ?

Jakob: Und wenn ich groß bin, pflanze ich an allen leeren Stellen Blumen und Sträucher.

Mutter: Du brauchst nicht zu warten, bis du groß bist. Du kannst in unserem Garten anfangen.

Jakob (schaut sich um): Unser Garten ist eh schön. Aber die graue Mauer an der Straße sieht langweilig aus. Darf ich dort einen Blumentopf aufhängen?

Mutter: Von mir aus – wenn du dich um ihn kümmerst und ihn regelmäßig gießt –

(Jakob vor der Mauer, an der ein winziger Blumentopf hängt. Darüber hat Jakob eine gelbe Sonne gemalt. Er hält den Pinsel noch in der Hand. Zu seinen Füßen ein Farbtopf.)

Jakob (zur begutachtenden Mutter): So, wenn jetzt Leute vorübergehen, werden sie denken: Was leuchtet denn da? Sie schauen genauer hin und sagen: Oh, eine Blume, die hat sich der liebe Gott aber schön ausgedacht. – Gelt, das werden die Leute sagen –

Mutter: Hoffentlich, Jakob, hoffentlich –

Jakob hilft dem lieben Gott

Der Mensch in unserer westlichen Zivilisation scheint gegenüber der Natur keinen Pardon zu kennen. Die rapide Abnahme der Waldfläche, das Wachstum der Wüsten, die fortschreitende Bodenerosion, die zunehmende Verpestung der Luft, die Vergiftung des Bodens, die Verschmutzung des Wassers bedeuten höchste Alarmstufe. Hat die Natur noch eine Zukunft? Und welche?

Der Ernst der Situation wird dadurch unterstrichen, daß in der Politik einschneidende Maßnahmen gegen die Umweltzerstörung gesetzt oder diskutiert werden. Doch es wird zuwenig sein, wenn nur durch Gesetze versucht wird, das menschliche Handeln und seine Folgen in Einklang mit der Natur und ihren Notwendigkeiten zu bringen. Wichtig ist auch die eigene Einsicht in die Größe und Eigenständigkeit der Natur. Das Wasser braucht den Menschen nicht – der Mensch aber kann ohne Wasser nicht leben. „Macht euch die Erde untertan!“ wurde offensichtlich als Freibrief für eine rücksichtslose Ausbeutung der Natur verstanden. Jeder genau gepflegte englische Rasen, jede Flurbereinigung, jede Monokultur, jede trockengelegte Wiese erweist sich in der Summe als Angriff auf das empfindliche Ökosystem der Natur. Rasch wurde manches zum Unkraut, was dem geplanten Zweck entgegensteht. So verschwinden nicht nur Heilkräuter, schöne Blumen und die Vielfalt an Pflanzen, sondern auch die zugehörigen Tiere. Oft ohne bemerkt zu werden.

Wer mit offenen Augen, Ohren und Nasenlöchern durch die Natur geht, sie in sich aufnimmt, ist beeindruckt, bereichert, fasziniert und dankbar für das Geschenk, das dem Menschen überantwortet ist. Er sorgt sich dann auch darum, daß dieses Geschenk erhalten bleibe. Angesprochen von der Schönheit der Schöpfung, die den Schöpfer preist, antwortet der Mensch mit der Sorge um sie und erinnert sich vielleicht an die andere biblische Erzählung, in der Gott dem Menschen den Garten Eden überantwortet mit dem Auftrag, ihn zu bebauen und zu erhalten.

Dazu können Eltern ihre Kinder anregen, ihnen die Augen öffnen für das Wunder der Natur und in ihnen ein Gefühl der Verantwortung für die Schöpfung wecken als Antwort auf das Geschenk Gottes. Die Mutter erzählt Jakob von den sachlichen Zusammenhängen und zeigt damit Möglichkeiten zur Tat auf. Jakob zögert nicht einen Moment. Er weiß, daß er etwas tun kann.

Jakob setzt, angeregt von der neuen Erfahrung, ein Zeichen der Hoffnung. Ein Blumentopf auf der grauen Wand mit gemalter Sonne. Eltern könnten mit ihren Kindern aufmerksam werden für das, was getan werden kann, und wie man andere dafür gewinnt. Wie wäre es mit einem Familiensonntag als Umweltschutztag im eigenen Haus oder in der Umgebung?

Jakob hofft, daß sein Zeichen von vielen gesehen wird, und daß alle diese Menschen wieder lernen, sich an den Schönheiten der Natur zu freuen und Gott dafür zu preisen.

Jakob hat eine Blume

(Vor dem Haus. Auf der Bank trocknen vier kleine Vasen, die aus halben roten Eierschalen und Korken gebastelt sind. Daneben Farbtopf und Glas mit ausgewaschenem Pinsel. Elisabeth betrachtet ihr Werk, Vater steht ausflugsstartbereit mit Rucksack da, die Mutter hat Jakob soeben eine Mütze aufgezwungen. Die Kinder tragen Jacken oder Janker.)

Mutter (zu Jakob): Und du folgst mir und läßt die Mütze auf!

Jakob: Ich brauche keine Mütze, es ist doch so furchtbar heiß.

Mutter: Im Wald ist es kühl, und der Wind weht …

Jakob: Immer wenn du glaubst, daß der Wind weht, muß ich diese furchtbar warme Mütze –

Vater: Also, wie ist das jetzt, meine Herrschaften! Da nehme ich mir den Tag extra frei, damit ich mit euch einen Ausflug machen kann, und jetzt kommen wir nicht weiter wegen einer Mütze!

Jakob: Also gut, ich laß sie auf …

Elisabeth (zur Mutter): Mutti, bitte, wenn diese Eierschalenvasen trocken sind, stellst du sie mir hinein – daß ihnen ja nichts passiert?

Mutter: Ja, das mach' ich, Elisabeth!

Elisabeth: Wenn erst das Moos und die Weidenkätzchen drin sind, dann schauen sie bestimmt schön aus, gelt?

Mutter: Bestimmt, und jetzt marschiert endlich los!

Vater (zur Mutter): Und du erhol dich und gönn dir einen ruhigen Tag –

Mutter: Ja, ich werde ein wenig im Garten arbeiten –

Jakob: Aber nur mit einer Mütze auf …

Vater: Hm! Jakob! (Sie gehen.)

Mutter (winkt ihnen nach): Und versäumt den Autobus nicht – und vergeßt nicht, die Brote zu essen …

und die Äpfel … und seid vernünftig … und – (etwas resigniert) hm – weg sind sie!

(Waldrand. Vater trägt Rucksack, zwei Kinderjanker und zwei Kindermützen. Elisabeth hat einen kleinen Blumenstrauß und Weidenkätzchen oder Haselkätzchen).

Elisabeth: Ich hab' schon genug Blumen für diese winzigen Vasen.

Jakob: Das find' ich auch.

Elisabeth: Du red nicht, du hast noch keine einzige Blume!

Jakob: Ich will eine besondere Blume!

Elisabeth: So – und wie soll die aussehen?

Jakob: Das weiß ich noch nicht. Es soll eine besondere Blume sein. (Geht ein paar Schritte weiter.)

Elisabeth: Vati, bitte, halt mir die Blumen. Ich such' noch ein bißchen Moos.

Vater (hält Mützen, Janker und Blumen): Ihr Schlaumeier habt euch einen geduldigen Gepäckträger mitgenommem, wie?

Jakob: Hier leuchtet etwas! Da zwischen den Steinen.

(Er sieht einen gelben Huflattich zwischen Steinen.)

Jakob: Vati, bitte, komm her! Ich habe eine ganz gelbe Blume gefunden. Was ist das für eine Blume?

Vater (hat Gepäck abgeladen, kommt hinzu): Das ist ein Huflattich.

Jakob: Ein Huflattich! – Elisabeth, schnell, ich habe eine ganz besondere Blume gefunden!

Elisabeth: Wirklich wahr? Wo denn?!

Jakob: Da!

Elisabeth: Aber geh, ein Huflattich! Das soll eine besondere Blume sein? Der wächst ja auf jedem Schutthaufen! Hinter unserer Schule, wo sie die neue Straße gebaut haben, wächst er sogar auf der steinigen Böschung! (Geht zurück.)

Jakob (zum Vater): Ist das wahr?

Vater: Der Huflattich blüht überall dort, wo andere Blumen gar nicht wachsen wollen. Auf Schutt und Geröll und zwischen den Steinen. Der traut sich was, der Huflattich, gelt?

Jakob: Er traut sich was … Aber das ist doch etwas Besonderes, wenn sich einer so traut, oder?

Vater: Du hast recht, Jakob, das ist etwas Besonderes. (Er geht zurück zum Rucksack. Jakob ist mit der Blume allein.)

Jakob: Du bist so schön gelb, du Huflattich du. Du gefällst mir. Ich nehme dich mit nach Hause. (Ein Schmetterling setzt sich auf den Huflattich.) He du, das ist meine Blume! Naja, ausruhen darfst du dich schon! Aber nicht lang, wir müssen zum Autobus. Mußt du dir halt einen anderen Huflattich suchen! (Schaut herum) Oder bist du der einzige Huflattich hier? – Na sowas! (Schmetterling fliegt weiter.) Ist das schwer, so zwischen den Steinen blühen? Weißt du was, ich grab' dich samt den Wurzeln aus … oder? Du könntest bei uns im Garten weiterblühen, neben den Narzissen und Tulpen! – Hm! – Die sind alle größer als … Ich könnte dir aber einen Rand aus Steinen rundherum bauen, damit jeder sieht, daß du eine besondere Blume bist … Hm? – Und wenn ich dich hier lasse – wenn ich dich hier weiterblühen lasse – bist du dann auch noch meine besondere Blume – Du bist meine Blume! (Dreht sich zum Vater um.) Du, Vati – bitte reiß einen Zettel aus deinem Notizbuch und schreib mir was drauf, ja?

Vater (beim Rucksack sitzend): Was soll ich denn draufschreiben?

Jakob: Ich sag's dir ins Ohr …

Elisabeth: So, jetzt hab' ich auch das Moos für meine Eierschalenvasen. Das wird ein schöner Ostertisch und ein schönes Ostern! – Na, Jakob! Du hast noch immer keine Blume?

Jakob: Schau einmal dort drüben!

Elisabeth (vor der Blume, um die jetzt noch ein stärkerer Steinrand gebaut ist, daneben ein Stock mit Zettel): Was steht drauf? (Liest.) Das ist eine besondere Blume. Sie traut sich was. Und sie gehört dem Jakob …

Jakob hat eine Blume

Der Wert einer Blume scheint durch den Preis bestimmt zu sein. Teure Blumen sind mehr wert als billige. Blumen, die überall wachsen und ganz besonders „Unkrautblumen" sind gar nichts wert. So scheint es die Konvention festzulegen. Und doch erfährt jeder, daß Rose nicht gleich Rose ist. Für den Wert einer Blume ist nämlich letztlich entscheidend, wer sie schenkt, wovon die Blume erzählt, wofür sie steht, was sie bedeutet. Die Wirklichkeit der Blume ist nicht bestimmt von ihrem konventionellen Wert, sondern von der Beziehung zur Blume und der Beziehung, die die Blume ausdrückt.

Vielleicht ist es eine gewisse Geschwisterrivalität, die Jakob veranlaßt, nicht die gleichen Blumen zu sammeln wie Elisabeth. Oder er denkt eben nicht so zweckmäßig. Jakob ist eben dabei, die Welt der Frühlingsblumen zu entdecken. Da macht eine Blume auf sich aufmerksam, versteckt, gelb leuchtend. Jakob ist begeistert, diese Blume entdeckt zu haben. Elisabeth kann mit dieser Blume nichts anfangen, sie ist ihr zu gewöhnlich. Der Schwester fehlt die Beziehung des Bruders. Der Vater hilft Jakob schließlich erst, das Besondere seiner Blume auch zu benennen: „Sie traut sich was."

Jakob hat sich diese Blume zu eigen gemacht. Jakob hat sie „gezähmt", so würde es im „Kleinen Prinzen" (A. de Saint-Exupéry) heißen. Er hat sie sich vertraut gemacht. Sie, die dort wächst, wo sonst nichts wächst, ist für ihn zum Zeichen des Mutes geworden.

Damit wird der Boden bereitet für einen späteren Zugang zu den Sakramenten. Der Vater erschließt Jakob die Mehrdimensionalität der Wirklichkeit. Für Jakob wird die Blume zu etwas Ausgezeichnetem, durch seine Beziehung zu ihr und durch das, was die Blume ihm sagt. Nur der, dem die Dinge dieser Welt etwas bedeuten und zum Zeichen werden, der kann auch einen Zugang haben zum Zeichen (lat. sacramentum) von Brot und Wein.

Jakob betet

(Im Kinderzimmer. Elisabeth, im Nachthemd, ist schon im Bett, liest noch. Jakob, noch angezogen, steht beim Fenster und schaut hinaus. Kleine Lampe brennt. Die Mutter klopft Jakobs Bett zurecht.)

Mutter: Na, Jakob, gehst du nicht auch schon ins Bett!

Jakob (reagiert nicht)

Mutter: Der Jakob hat heute wieder seinen nachdenklichen Tag. (Geht zu ihm, tupft ihm auf die Schulter.) Na, Kind, wie wär's? Ausziehen und ins Bett? Dann schau' ich noch zu euch herein, und dann beten wir, Jakob, ja?

Jakob: Ich möcht' noch schnell einmal durch den Garten rennen.

Mutter: Jetzt, am Abend?

Jakob: Ja.

Mutter: Also dann geh halt. (Jakob ab.)

(Jakob tritt aus dem Haus, schaut ein bißchen herum und steigt die Stufen herunter. Abendstimmung.)

Jakob: Mmm, die Luft. (Geht zu den Blumen, riecht.) Die riechen jetzt ganz stark. Viel stärker als am Tag. – Hm, die hat sich ganz zugemacht. Schlaf gut, Blume. – (Bei einer Kelchblume.) Du bist eine schöne Blume. Fast die schönste in unserem Garten. – Der ganze Garten ist schön. – Du hast alles schön gemacht, lieber Gott, die Blumen, die Sträucher und die Bäume. Und die Sterne. – Und die Wolken. – (Geht zu Sträuchern.) Die Ribisel sind noch sauer. Die brauchen noch Zeit. Aber die Erdbeeren – (geht ein paar Schritte und kauert sich vor ein Erdbeerbeet) – die Erdbeeren sind reif. Mm, und süß. (Ißt.) Die Erdbeeren hast du beinah am schönsten gemacht. Danke für die Erdbeeren.

Stimme der Mutter: Jakob, Jakob! Es ist schon spät.

Jakob: Ich komm' ja schon.

(Zimmer. Jakob im Bett. Mutter sitzt neben ihm, streichelt ihn. Elisabeth hat Buch weggelegt, schläft schon.)

Mutter: Jakob, wir wollten noch beten.

Jakob: Ich hab' schon gebetet. Draußen im Garten.

Mutter: Draußen im Garten hast du gebetet?

Jakob: Ja. Es war alles so schön. Da hab' ich danke gesagt.

Mutter: Mhm. – Dann schlaf gut, Jakob, gute Nacht. (Sie löscht das Licht.)

Jakob betet

Das Abendgebet ist die Gebetsform, mit der die Kinder am meisten vertraut gemacht werden. Oft ist diese Gebetssituation von geformten Gebeten oder sogar Reimgebeten bestimmt. Und in der Regel steht dabei die Bitte um Schutz im Vordergrund, Schutz, den die Eltern indirekt für sich selbst erbitten, Schutz, den Eltern befürchten, nicht selbst dem Kind vermitteln zu können. Diese Sehnsucht nach Beschütztwerden ist gerade abends besonders groß, wenn die Urangst des Menschen (einzuschlafen, sich ganz loszulassen, wegzuschlafen …) sich bemerkbar macht. Da ähnelt das abendliche Reimgebet dann oft einem Beschwörungsritual. Diese Urangst vermuten Eltern auch in ihren Kindern und betonen daher einseitig das abendliche Bittgebet. Am Tage hat der Mensch mehr die Chance, selbst „tätig“ zu werden, sieht er sich mächtiger, fühlt er sich nicht so ausgeliefert und ohnmächtig wie angesichts der Dunkelheit. So fördert eine gewisse Praxis des Abendgebetes eher eine wunschbestimmte und selbstbezogene Religiosität. Bestimmend ist dabei nicht die Erfahrung, in Gott geborgen zu sein, sondern der Wunsch, von ihm beschützt zu werden. Paul Zulehner hat in einer Studie gezeigt, daß in Österreich Religion zuallererst als „heiliger Schild zum Schutz der kleinen Lebenswelt“, wie die Familie eine ist, gesehen wird. Verbunden mit dieser Begrenzung auf den privaten Lebensbereich, bestimmt die Religion des Österreichers sein Verhalten im Alltag nicht.

Jakob hingegen nimmt den Abend in sich auf. Er ist erfüllt vom Reichtum und der Vielfalt des Gartens. Er entdeckt und genießt und dankt Gott für das Geschenk des Gartens. Seine positive Lebenseinstellung ist erweitert und vertieft zur dankbaren Zustimmung gegenüber Gott mitten in der Welt. Beten mitten im Leben. Ein Abendgebet sollte nach einer gemeinsamen Sammlung von Eltern und Kindern die Erfahrungen, Freuden und Leiden des vergangenen Tages in ein Gespräch mit Gott, in einen vertrauensvollen Dialog hereinnehmen. Dies führt zum bewußteren Wahrnehmen des eigenen Lebens, befähigt dazu, Gefühle auszusprechen, Erfahrungen mitzuteilen, und läßt das Kind im Bedenken des Tages die Nähe Gottes erfahren. Neben Dank, Lob und Klage hat dann auch die Bitte ihren Platz im Abendgebet, die Bitte um Kraft und Mut, um den rechten Geist, um die rechte Einsicht für sich und die anderen Menschen. Diese Form des Abendgebetes hilft, eine reife Religiosität aufzubauen, eine Religiosität, die hingabefähig, einsichtsbestimmt und dialogisch ist.

Jakob kommt zu einem Dialog mit Gott. Leider ist es in der Großstadt nicht vielen Kindern möglich, auf diese Weise vor dem Einschlafen bewußt „Atemzüge der Seele“ zu tun und damit das aufströmende Dankbarkeitsgefühl als Dialog zu Gott strömen zu lassen. Um eine reife Religiosität zu fördern, sollte man versuchen, auch im oft nicht so lebendigen, ja grauen Alltag der Großstadtkinder Anhaltspunkte zu finden, um ein ebenso ehrliches, von innen her spürbares Danke zu ermöglichen. Man kann das Kind aber auch erahnen lassen, wie gut und wunderbar der stetige Wechsel von Tag und Nacht, von Sichregen und Sicherholen ist, und es anregen, Gott dafür zu danken.

Ich mag dich – *Prosoziales Empfinden*

Es ist erschreckend, wie sehr gerade gutmeinende Eltern ihrem Kind positive soziale Verhaltensweisen, also praktische Nächstenliebe, mit Nachdruck beibringen wollen. Ihr Bemühen ist oft bestimmt von dem Wissen, wie dringend die Welt heute einen anderen Umgang der Menschen miteinander braucht. Die Forderung nach praktischer Nächstenliebe wird dabei meist noch mit der Autorität Gottes verstärkt, der uns ja geboten hat, den Nächsten zu lieben, und der die Einhaltung dieses seines Gebotes entsprechend überwacht.

Dabei zeigen dann die Kinder oft das von den Eltern und Gott erwünschte Verhalten. Aus Freude am und Bedürfnis nach dem Lob der Eltern oder aus Angst vor der Strafe. Als fremdbestimmte Verhaltensweise erleben sie die Hinwendung zum anderen, zum Nächsten letztlich nicht als bereichernd, sondern als Erfüllung einer Vorschrift. Und Gott wird ihnen als einer vorgestellt, der die Einhaltung seiner Vorschriften belohnt und die Übertretung seiner Vorschriften bestraft, eine Art Buchhalter-Gott. Ein solches gesetzliches Gottesbild gefährdet nicht nur die Menschwerdung des Kindes, sondern steht auch im Widerspruch zu Gott, dem Vater Jesu, der alle Menschen bedingungslos liebt und uns zu gleicher Liebe ermutigt.

Wichtig ist, daß das Sprechen von Gott eingebettet ist in eine Atmosphäre, in der das Kind angeregt wird, sich in andere Menschen hineinzufühlen, am Leben, an Leid und Freude anderer Menschen Anteil zu nehmen und mit sozialen Verhaltensweisen vertraut zu werden. Diesem Anliegen kann alles dienen, was die Kooperationsfähigkeit fördert und Freude an Zusammenarbeit schenkt. Besonders Puppenspiele ermöglichen dem Kind, auf Bedeutung und Möglichkeit der Rücksichtnahme gegenüber anderen aufmerksam zu werden. Es geht dabei nicht darum, daß das Kind zuallererst lernt, zurückstehen zu können. Vielmehr soll es ermutigt und befähigt werden, sich auszudrücken, sich mitzuteilen, sein Recht geltend zu machen. Diese kommunikativen Fähigkeiten können dann erweitert werden durch die Fähigkeit des Zuhörens, des Rücksichtnehmens. In einem weiteren Schritt sollte man die Kinder anregen, anderen zu zeigen, daß man sie liebt, daß man sie schätzt. Wenn für ein Kind ein Kuß Ausdruck persönlicher Wertschätzung ist, dann kann es offensichtlich dazu aber nicht verpflichtet werden. Zuerst müssen konkrete Erfahrungen gemacht werden: Sich anderen Menschen zuzuwenden, ist bereichernd; anderen eine Freude zu machen, ist wichtig; ein Leben mit anderen und für andere ist schöner als ein Leben allein für sich … Dann erst ist es sinnvoll, ausdrücklich von Gott zu sprechen.

Bernhard Grom hat auch hier einen hilfreichen Versuch einer Deutung aus dem Glauben entwickelt. „Wenn wir auf einen anderen Rücksicht nehmen, wenn wir sein Recht achten, ihm sogar Freude bereiten oder ihm helfen, wenn er uns braucht, dann machen wir nicht nur ihm Freude, wir machen dann auch jenem Freude, der uns alle liebt und der uns deshalb die Welt und das Leben geschenkt hat. Er will den anderen durch uns Gutes tun. Gott-Vater. Er will der Vater aller Menschen sein und wünscht aus ganzem Herzen, daß wir mit ihm nicht nur dafür sorgen, daß es uns gutgeht, sondern auch den anderen, daß wir sie als Freunde (Brüder und Schwestern) betrachten, nicht als unsere Feinde (auch wenn wir uns manchmal gegen sie verteidigen müssen) oder als unsere Diener. Er gibt uns dazu seine Freude und Kraft, wenn wir im Innern überlegen, was wir tun sollen oder was an unserem Tun gut war. Wer will, kann sich jetzt vor ihm verneigen und still für sich sagen: ‚Danke, Vater; laß mich gerecht und gut sein wie du.'"

Bernhard Grom schlägt vor, diese Gedanken in ein „Fest der Brüderlichkeit" einmünden zu lassen: Wenn diese Erfahrung von Gott, der alle liebt und darum Gerechtigkeit und Güte will, angeregt ist, kann auch der Bezug zu Jesu Beispiel und Botschaft von der neuen Geschwisterlichkeit hergestellt werden.

Jakob macht es ganz umsonst

(Im Garten. Der Vater repariert ein Wasserrad, Jakob hält es und hilft.)

Jakob: Wenn wir morgen zur Oma in den Garten fahren, kann ich mein Wasserrad gleich ausprobieren. Ob es wirklich wieder geht?

Vater: Warum soll es denn nicht gehen? Jetzt hab' ich's ja gerichtet. Gleich ist es wieder in Ordnung.

Jakob: Der Rudi vom Siebzehnerhaus hat sein Wasserrad nicht selber gemacht, sondern im Geschäft gekauft. Aber es war auch nicht besser als meins.

Vater (hämmert): Das ist ein tadelloses Wasserrad.

Jakob: Der Rudi geht lieber ins Geschäft und kauft sich die Sachen. Er hat immer genug Taschengeld. Dauernd kriegt der Geld … Wenn er für die Mutter was einkaufen geht oder so –

Vater: Ahso? Dann kriegt er Geld?

Jakob: Oder fürs Mistkübelausleeren … Eh nicht viel, aber es kommt doch was zusammen, sagt der Rudi.

Vater: Soso.

Jakob: Der Rudi kriegt auch von der Oma oder von seinem Vater Geld. Aber die Susi, die kriegt ihr Geld nur von der Mutter, heimlich.Wenn sie brav Flöte geübt hat, zum Beispiel, oder wenn sie mit ihrer kleinen Kusine gespielt hat … Weißt du, das ist so eine kleine, lästige Kusine; wenn die auf Besuch kommt, ist die Susimutter immer froh, wenn die Susi ihre Spielsachen herborgt und mit der Kleinen spielt …

Vater: Und dafür bekommt die Susi Geld …

Jakob: Ja. Beim Toni ist das wieder anders. Der bekommt vom Vater Geld, fürs Autowaschen. Dafür kauft er sich dann Zuckerschlecker. Er hat immer Zuckerschlecker im Hort mit. – Der Gerhard hat nie welche mit, aber der Toni gibt ihm von seinen.

Vater: Das find' ich nett vom Toni.

Jakob: Ja, aber dafür muß ihm der Gerhard beim Basteln helfen. Der Toni ist beim Ausschneiden und Malen immer so ungeschickt, weißt du.

Vater: Das heißt, er bezahlt den Gerhard mit Zuckerschleckern.

Jakob: So ungefähr. – Ich hätt' auch gern gehabt, daß der Gerhard mir bei dem Plastillinmanderl hilft, aber er hat gefragt: Was gibst du mir dafür? Und ich hab' nichts gehabt!

Vater: Hm!

Jakob: Aber kann sein, wenn ich der Mutti im Garten helfe, daß sie mir was gibt dafür. Damit ich mir auch Zuckerschlecker kaufen kann.

Vater: Jakob, das gefällt mir nicht.

Jakob: Was gefällt dir nicht?

Vater: Daß du etwas dafür kriegen willst, wenn du der Mutti hilfst.

Jakob: Aber die anderen Kinder –

Vater: Laß die anderen Kinder. – Nein, es gefällt mir nicht. Daß einer nur dann etwas tut, wenn er dafür etwas bekommt.

Jakob: Bei der Elisabeth in der Klasse machen sie es aber auch so! Die nehmen halt keine Zuckerschlecker, sondern Sammelbilder, Autos und Tiere … Zum Einkleben.

Vater: Na geh –

Jakob: Ja, wirklich. Die Elisabeth hat mir's erzählt – ein Heft herborgen, einsagen – ein Sammelbild.

Vater (betrachtet das fertige Wasserrad)

Jakob: Fertig?

Vater: Ja!

Jakob: Danke!

Vater: Moment! – Macht zwanzig Zuckerschlecker!

Jakob: Was?!?!

Vater: Oder meinst du vielleicht, ich hab' dir dein Wasserrad ganz umsonst gerichtet?

Jakob (entsetzt): Aber – aber Vati –

Vater: Gelt, da schaust du.

Jakob: Meinst du das im Ernst, mit den Zuckerschleckern?

Vater: Nein. Das war Spaß. – Ich hab' es dir umsonst gemacht, weil du mein Jakob bist und weil ich dich mag. Und weil das eben so ist, daß man vieles auf der Welt nicht kaufen oder eintauschen kann. Die schönsten Dinge kriegt man umsonst. Die bekommt man geschenkt.

Jakob: Was zum Beispiel –

Vater: Na, unsern Ausflug zur Oma kannst du dir nicht kaufen. Oder daß jemand von uns Lust hat, mit dir Flohhupfen zu spielen. Oder daß die Kathi dich mag. Daß sie dir immer ihren Flocki borgt. Daß man liebgehabt wird, kann man sich nicht kaufen. So ist das. – Und jetzt geh' ich zum Herrn Huber hinüber, der hat mir versprochen, daß er mir seine neue Mähmaschine borgt. Sag der Mutti, daß ich beim Herrn Huber bin.

Jakob: Borgt er sie dir auch umsonst?

Vater: Natürlich umsonst. (Ab)

Elisabeth (erscheint am Fenster): Jakob, ich hab' keine Tintenpatronen mehr. Geh, könntest du mir schnell zum Papiergeschäft laufen? Ein Schachterl Patronen holen? Ich geb' dir ein Autosammelbild …

Jakob: Ich brauch' kein Autosammelbild –

Elisabeth: Was magst du denn?

Jakob: Gar nichts. Ich mach' es umsonst.

Jakob macht es ganz umsonst

In der Gesellschaft ist vieles geprägt von der Frage „Was bringt es mir?“ oder: „Wie kann ich meinen Einfluß, meinen Besitz, meine Konsummöglichkeiten vermehren?“ Die gesellschaftlichen Beziehungen sind bestimmt vom Habenkönnen, von Immer-mehr-haben-Müssen. Der Maßstab dafür ist das Geld. Das ist die Währungseinheit, in der die Bedeutung gesellschaftlicher Beziehungen gemessen wird. Dabei ist Geld nicht nur von praktischer Bedeutung, sondern es hat auch eine suggestive Wirkung. Dafür sind viele bereit, alles zu tun. Diese Gewöhnung an ein Entgelt für Leistung und Beziehung findet von klein auf statt. Nicht mehr die Freude am Lesenkönnen, am Schreibenkönnen entschädigt für die Mühe und den Aufwand, sondern die Sternchen, Bilder und ähnliches, was ich dafür bekommen kann.

Als unser Fünfjähriger das erstemal zum Zahnarzt mußte, war meine Frau versucht, ihm als Ausgleich für den Besuch beim Zahnarzt etwas zu kaufen. Sie hat es nicht getan und war froh darüber. Er war nach bestandener Zahnbehandlung stolz darauf, daß er es geschafft hatte. Er hätte sich nicht so darüber freuen können, hätte er auf eine Belohnung gewartet. Ein Besuch bei der Großmutter, dessen Wert in Geldscheinen gemessen wird, behindert eine persönliche Beziehung garantiert. Je stärker die Alltagsbeziehungen bestimmt sind von der beziehungsvernichtenden Frage: „Was krieg’ ich dafür?“, desto unfähiger wird das Kind, Beziehungen aufzunehmen und um ihrer selbst willen zu kultivieren. Die Bezahlung kleiner Alltagsleistungen fördert das Erwerbsdenken im privaten und persönlichen Lebensraum.

Wenn Kinder familiäre Dienste, die sie verrichten, verrechnen wollen, wäre es sinnvoller, nach den Ursachen zu fragen. Ist die Höhe des Taschengeldes altersgemäß? Wie erlebt sich das Kind in der Familie? Muß es sich außerhalb der Familie Beziehung und Status erkaufen? Es ist jedenfalls tödlich, den privaten persönlichen Lebensraum wie eine Geschäftsbeziehung zu gestalten.

Auf den ersten Blick scheinen alle diese Fragen keine religiöse Bedeutung zu haben. Sie fallen gleichsam in die rein weltlichen Angelegenheiten. Doch wenn man es näher bedenkt, ergibt sich ein anderes Bild. Alltagsbeziehungen, die bestimmt sind von der Frage: „Was habe ich davon, was krieg' ich dafür?", legen auch eine entsprechende Erwartung gegenüber Gott nahe. Es wird damit eben eine wunschbestimmte, selbstbezogene Religiosität gefördert; die Rede von Gott, der uns alles geschenkt hat, der uns zugewandt ist und sozusagen „gratis" (gratia = Geschenk, Gnade) zur Verfügung steht, muß angesichts dieser Alltagserfahrung für ein Kind unglaubwürdig und unverständlich sein.

Was das Leben trägt, bereichert, was Leben ermöglicht und Zukunft schafft, kann man nicht kaufen. Wer das Kind zu dieser Einsicht anregt, eröffnet ihm einen Zugang zu Gott, dem Vater Jesu.

Jakob will nicht geizig sein

(Vor dem Haus. Nachmittag. Jakob beschäftigt sich mit seinem Schifferl. Das Fenster geht auf, Elisabeth schaut heraus.)

Elisabeth: Jakob? Jakob, ich muß dir was zeigen. Ich freu' mich so. (Verschwindet wieder, Jakob geht zum Fenster hin.)

Jakob: Ja?

Elisabeth (erscheint wieder, hält einen selbergebastelten Sparwürfel in den Händen und schüttelt ihn)

Jakob: Dein Fastenzeit-Sparwürfel?

Elisabeth: Ja! Hör einmal!

Jakob: Oh, da sind schon viele Schillinge drin!

Elisabeth: Ich habe aber auch fest gespart. Alles Geld, das ich sonst für Schokolade oder Comichefte ausgegeben hätte, hab' ich da hineingetan. Alle Kinder in meiner Klasse haben gespart. Morgen in der Jungscharstunde tun wir das Geld auf einen Haufen und schicken es den Kindern in Indien.

Jakob: Warum gerade denen?

Elisabeth: Weil es dort viele arme Kinder gibt, die nicht genug zu essen und nicht genug zum Anziehen haben.

Jakob: In der Tasche von meiner blauen Jacke muß noch ein Schilling sein, den kannst du dazugeben.

Elisabeth: Danke, das ist nett von dir. Unser Religionslehrer hat gesagt, der liebe Gott will, daß seine Kinder, die Menschen, wie Geschwister alles miteinander teilen.

Jakob (sehr interessiert): Wie Geschwister?

Elisabeth: Ja. Alle Menschen sollen wie Geschwister zueinander sein, weil sie alle miteinander Kinder Gottes sind, verstehst du?

Jakob: Ja schon. Aber was können denn Geschwister miteinander teilen?

Elisabeth: No, alles mögliche –

Jakob: Schokolade zum Beispiel?

Elisabeth: Zum Beispiel –

Jakob: Aber du hast ja leider keine Schokolade, weil du dein ganzes Geld in den Sparwürfel getan hast …

Elisabeth: Hm – ich glaube, ich hab' noch eine Tafel von der Oma aufgehoben …

Jakob (freut sich): Jö, die könntest du mit mir teilen … weil wir doch Geschwister sind …

Elisabeth (kleiner Seufzer): Na gut, dann teil' ich halt mit dir – (verschwindet vom Fenster.)

Jakob (ruft ihr nach): Und der liebe Gott will es auch haben, daß man teilt, gelt ja …

Elisabeth (wieder am Fenster, reicht eine halbe Tafel Schokolade heraus)

Jakob: Danke! Und was kann man noch miteinander teilen?

Elisabeth: Einen Apfel – ein Stück Kuchen –

Jakob: Auch deine Puppenstube?

Elisabeth: Meine Puppenstube?! Nein, die kann man nicht gut teilen … (Gibt sich den nötigen seelischen Ruck.) Aber wenn du mit meiner Puppenstube spielen möchtest, kann ich sie dir borgen. Was man nicht teilen kann, muß man halt herborgen, nicht?

Jakob: Aha! Aha! Zum Beispiel die Buntstifte … die kannst du nicht auseinanderteilen, die müßtest du mir borgen …

Elisabeth: Ja …

Jakob: Du, das gefällt mir, das mit dem Teilen – ich komm' zu dir hinein – (Eilig ab ins Haus.)

(Kinderzimmer. Mutter mit Bügeln oder sonstwie beschäftigt. Elisabeth mit Schultasche. Auf dem Tisch steht der Sparwürfel.)

Jakob (eilig herein): Auch ein Buch kann man nicht teilen – ein Buch müßte man auch herborgen – borgst du mir dein Buch vom kleinen Indianer?

Elisabeth: Ja, nimm's dir nur.

Jakob: Wenn du's mir borgst, liest du mir auch draus vor?

Mutter: Jakob, wenn ich dir so zuhöre – immerfort soll die Elisabeth mit dir teilen und dir was borgen. Das find' ich nicht richtig. Du mußt auch deine Sachen mit ihr teilen. Du willst doch bestimmt nicht geizig sein …

Jakob: Nein, ich will nicht geizig sein … (Denkt nach.) Was hättest du denn gern, Elisabeth? Ich habe da einen Kaugummi, den ich erst ganz wenig gelutscht habe. Magst du den?

Elisabeth: Nein danke, wirklich nicht.

Jakob: Ich weiß etwas. Ich borge dir meinen Regenwurm – samt dem Einsiedeglas mit der Erde. Das kannst du neben dein Bett stellen und immer schauen, was der Regenwurm macht, ja?

Elisabeth: Nein, bitte nicht! Ich will kein Regenwurm-Beobachtungsglas neben meinem Bett!

Jakob: Ja, was dann? Ja, was dann? – Ich weiß noch was. Ich könnte dir die Geschichte vom bunten Hund erzählen, die du mir gestern vorgelesen hast.

Elisabeth: Nein, Jakob, die Geschichte kenn' ich ja schon fast auswendig.

Jakob (zur Mutter): Zu allem sagt sie nein.

Mutter: Vielleicht findest du ein anderes Kind, dem du was borgen kannst?

Jakob: Ein anderes Kind?

Elisabeth (will ihn abwimmeln): Ja, das ist eine gute Idee.

Jakob: Hm! Hm! Ich weiß da schon ein Kind … (Geht hinaus, man hört wählen, Jakob mit Telefonhörer im Türspalt sichtbar, er ruft Kathi an.) 32 42 15 … Hallo! Hier ist der Jakob! Kann ich bitte mit der Kathi reden? – Du, Servus, Kathi! Komm ganz schnell herüber! Ich hab' was für dich … Jemanden, der dir vorliest und Buntstifte borgt und die Schokolade mit dir teilt … Ja, ich borge dir meine Schwester!

Jakob will nicht geizig sein

„Man kann nie genug Schuhe haben!" – Wir leben in einer Gesellschaft, in der das Habenkönnen und Habenmüssen grenzenlos geworden ist. Da ist Teilen eigentlich ein Fremdwort. Dabei gilt: Wer nicht teilen kann, hat nie genug. Wer immer für sich haben muß, kann nie genug haben. Würden jedoch alle Menschen teilen, hätten alle genug. Im Kontrast zur Gesellschaft des Immer-mehr-haben-Müssens steht die christliche Ermutigung zum Teilenkönnen.

Diese Jakob-und-Elisabeth-Szene erschließt Teilen und Borgen als wichtige und bereichernde Fähigkeit des Menschen. Aber Jakob muß erst entdecken, wie man das richtig macht. Teilen und Borgen sind keine Vorschriften, die Jakob und Elisabeth zu erfüllen haben, sondern etwas Wichtiges, für das man erst die richtigen Ideen entwickeln muß, wie man Teilen und Borgen gegenseitig bereichernd verwirklichen kann.

Die Mutter trägt dabei eine Erwartung an Jakob heran: „Jakob, du willst doch nicht geizig sein?" Aber sie macht dem Kind keine Vorschriften. Das Gespräch ist nicht bestimmt von Angst vor einer Strafe für etwaiges Fehlverhalten oder vom Wunsch nach Lob für das erwartete Verhalten, sondern von einer lockeren, heiteren, anregenden Atmosphäre. Die Mutter gibt den Anstoß, daß das Gespräch nicht hängenbleibt, aber sie legt nicht fest, was zu geschehen habe. Jakob wird von der Erwartung, vom Anspruch der Mutter nicht erdrückt, sondern vielmehr angeregt. Die Mutter würde ihre Erwartung gegenüber Jakob nie auf alle Fälle durchsetzen wollen. Die weitverbreitete Praxis, soziale Verhaltensweisen anzulernen, gleichsam zu dressieren, garantiert, daß ein Kind nicht auf die Idee kommen kann, es wäre bereichernd, sich einem anderen zuzuwenden, etwas füreinander zu tun. Je stärker der

Druck auf die Kinder, umso einengender werden die Vorschriften der Eltern erlebt. Damit kann letztlich auch die Angst der Kinder, zu kurz zu kommen, gefördert werden.

Diese Jakob-und-Elisabeth-Szene zeigt aber auch, wie Teilen mit den Armen in der Welt eingebettet sein kann – und so erst sinnvoll wird! – in ein Das-Leben-Teilen mit den Nächsten der unmittelbaren Umgebung. Das Engagement für den sekundären, entfernten Bereich ist verwurzelt im primären Bereich, in der Familie. Die Pointe der Szene liegt ja auch darin, daß ich nicht nur Gegenstände teile, sondern auch Beziehungen: „Ich borge dir meine Schwester." Hier wird nicht das Bild von einem Gott gezeichnet, der befiehlt, alles sieht und kontrolliert, von dem ich eingeengt und bedroht bin. Gott wird hier erschlossen als jener, der die Beziehung zwischen den Menschen als Geschwistern anstrebt, fördert und begründet, aus der heraus Menschen einander borgen und miteinander teilen können.

Jakob und die Dreckarbeit

(Kinderzimmer. Später Nachmittag. Auf einer Staffelei ein Bild, Jakob steht davor und betrachtet es mit Verwunderung.)

Jakob: Na so was! Komisch! Hm!

Vater (mit Mütze und Mantel und Aktentasche, steckt den Kopf zur Tür herein): Grüß dich, Jakob. Weißt du, wo die Mutti ist?

Jakob: Die ist mit der Elisabeth in die Kirche gegangen, Gründonnerstag feiern oder so. (Begrüßt den Vater mit Bussi.) Grüß dich, Vati. Gut, daß du schon da bist. Ich muß dich was fragen.

Vater: Gleich. Ich zieh' nur den Mantel aus. Dann setz' ich mich mit meiner Zeitung zu dir. (Ab, Tür wird offengelassen, Jakob, wieder vor der Staffelei, ruft ihm nach.)

Jakob: Dieses Bild da, das die Elisabeth gemalt hat – ich kenn' mich bei diesem Bild nicht aus. Hoffentlich kennt sich die Omama aus. Die kriegt es nämlich als Ostergeschenk.

Vater (kommt mit Zeitung herein, tritt zu Jakob und schaut Bild an): No, das ist doch offensichtlich ein Bild von Jesus und seinen Freunden. Der da mit dem Bart, das ist Jesus.

Jakob: Ja, schon. Aber warum hat er ein Handtuch in der einen Hand und einen Kübel Wasser in der anderen Hand – ?

Vater: Ahja, die Elisabeth hat gemalt, wie Jesus vor dem letzten Abendmahl seinen Freunden die Füße gewaschen hat.

Jakob: Ja, haben die sich nicht allein die Füße waschen können? Ich kann das schon lang allein. Auch den Hals.

Vater (macht es sich mit der Zeitung gemütlich): Weißt du, Jakob, damals war das so: Die Leute haben

Sandalen getragen und keine Socken und Schuhe wie wir. Wenn sie auf einer staubigen Straße gegangen sind, da sind die Füße schmutzig geworden. Ja, und wie also die Freunde von Jesus zum Abendessen gekommen sind, da waren ihre Füße voller Staub. Darum hat man damals seinen Gästen vor dem Essen die Füße gewaschen. Das war eine Arbeit für die Diener. Aber Jesus war sich für diese Arbeit nicht zu gut.

Jakob: Gibt es heute auch noch solche Dienerarbeiten?

Vater: No, es gibt zu jeder Zeit Arbeiten, die man nicht so gern tut, halt die Dreckarbeit –

Jakob: Bei uns auch?

Vater: In jeder Familie.

Jakob: Was zum Beispiel?

Vater: Hm – Mistkübel ausleeren zum Beispiel.

Jakob: Ich weiß was! Ich werde heute auch eine Dreckarbeit tun. Ich werde den Mistkübel ausleeren. (Ab, Tür bleibt offen. Man hört Jakob singen.) Heut mach' ich die Dreckarbeit! Heut mach' ich die Dreckarbeit! (Wieder auf.) Vati, der Mistkübel ist leider schon leer! Hast du ihn ausgeleert?

Vater: Nein.

Jakob: Vielleicht die Mutti?

Vater: Könnte sein.

Jakob: Du Vati, ist Abwaschen auch eine Dreckarbeit?

Vater: Hm, ich weiß nicht –

Jakob: Wenn die Töpfe so fettig und voller Krusten sind?

Vater: Dann bestimmt.

Jakob: Gut, dann geh' ich abwaschen. (Ab, man hört ihn singen.) Heut mach' ich die Dreckarbeit! Heut mach' ich die – oje! Ojeoje! (Wieder auf.) Oje! Kein einziger dreckiger Topf mehr da! Nichts mehr zum Abwaschen! (Kauert sich neben den Vater.) Du, bei uns gibt's keine Dreckarbeit!

Vater (läßt Zeitung sinken): Also, das glaub' ich wieder nicht!

Jakob: Oja, keine einzige. Weil die Mutti immer alles macht, man merkt gar nicht, wann! Oder merkst du es?

Vater: N-nein. – Wart einmal, laß mich nachdenken … Die Schuhe!!!

Jakob: Schuhe?

Vater: Unsere Ausflugsschuhe, die waren gestern ganz schön dreckig von den lehmigen Wegen. Wir haben sie doch vors Haus gestellt, damit sie trocknen -

Jakob: Die könnte ich putzen! Juchu!

Vater: Ich helf' dir dabei!

(Beide begeistert. Vater und Jakob schauen sich vor dem Haus nach Schuhen um – vergeblich.)

Jakob: Weg – ! Da sind sie zu Mittag noch gestanden, die Schuhe. Ich weiß es genau! Ich bin fast drübergefallen. Jetzt sind sie fort!

Vater: Oje, die hat bestimmt die Mutti geputzt.

Jakob: Schade. Das wäre eine richtige Dreckarbeit gewesen. Die Mutti ist immer so schnell … Alle dreckigen Arbeiten macht sie.

Vater (energisch): Aber es wird doch in diesem Haushalt noch irgendeine Arbeit geben, die wir beide jetzt machen können!!! – Staubsaugen?

Jakob: Fenster putzen? (Sie betrachten das Fenster.)

Vater (erleichtert): Schon ein bißchen schmutzig, oder?

Jakob (begeistert): Ganz arg schmutzig!!

(Sie starten ins Haus.)

Jakob und die Dreckarbeit

Trotz aller gesellschaftlichen Gleichstellung wird die Frau in der Regel im familiären Bereich oft noch immer zur Bedienerin der Familie. Die Haushaltsarbeit wird von den unbeteiligten Familienmitgliedern nicht gesehen und auch nicht zur Kenntnis genommen. Gerade die Söhne werden auf diese Art zu Paschas erzogen. Die Mithilfe im gemeinsamen Haushalt gilt dann immer als besondere und außergewöhnliche Leistung des männlichen Geschlechtes. Gerade dort, wo es dreckig ist, beim Abwaschen, Schuheputzen, WC-Reinigen, Bodenwischen, Kehren oder Fensterputzen, sieht man selten die sogenannten Herren der Schöpfung an der Arbeit.

Hier wird sehr früh schon eine unbewußte, aber sehr tief sitzende Herrenmentalität grundgelegt. Sie steht einer partnerschaftlichen Beziehung und Gestaltung des gemeinsamen Lebens entgegen. Manche meinen, die Kinder seien durch die Schule überbelastet. Oft ist es einfacher für die Mutter, alles selbst zu machen, ungestört, weil die Mithilfe der Kinder oft zusätzliche Arbeit und Nerven kostet. Die Mutter nimmt den Kindern aber damit die Chance, an ihrer Arbeit zu Hause Anteil zu haben, sich am gemeinsamen Haushalt zu beteiligen, von früh auf altersgemäße Verantwortung zu übernehmen und einzuüben. Sind die Kinder einmal größer und gewohnt, daß alles ohne sie läuft, wird die Motivation für die Mithilfe schwieriger. Eine gemeinsame Besprechung der anfallenden Arbeit, eine „Dienstbesprechung“, in der ein „Dienstplan“ ausgearbeitet wird, erleichtert dem Kind die Einsicht in die Notwendigkeit, daß jeder in der Familie einen Dienst leisten muß, auch der Vater, der in dieser Geschichte erst durch Jakob sensibilisiert und in Bewegung gebracht wird.

An Anfang der Suche nach der Dreckarbeit stand eine biblische Geschichte, in der Jesus für das Kind zum Vorbild der neuen Brüderlichkeit, des Aufeinander-Rücksichtnehmens, wurde. Jakob wurde angeregt, selbst einen Dienst zu leisten. Es wurde aber auch deutlich, wie vieles dem Kind heute an biblischen Geschichten fremd ist und ihm erst von den Erwachsenen erschlossen werden muß. Biblische Geschichten sind für Erwachsene eines anderen Kulturraumes geschrieben, sie können in der üblichen Einheitsübersetzung von Kindern nicht verstanden werden. Wer Kindern biblische Geschichten erzählen will, muß diese kindgemäß übertragen. So muß eben auch die Geschichte von der Fußwaschung erst erklärt werden, die Dienstbarkeit unter uns Menschen ist auf diese Weise heute nicht mehr so einfach nachvollziehbar. Anhand von Beispielen anderer Art könnten Kindern überholte Gesten verdeutlicht werden. Es gibt auch heute Menschen, die sich ihren Mitmenschen gegenüber brüderlich verhalten, ihnen auf ihre Weise dienen.

In weitverbreiteten Kinderbibeln wird Jesus oft abseits der Realität lebend dargestellt, über den Dingen schwebend, allwissend und allmächtig, ein Jesus, dessen Menschsein nicht ernstgenommen wird. Diese biblische Geschichte hilft uns, Jesus als Mensch zu sehen, als Vorbild und Anstoß zur Brüderlichkeit, zur Bereitschaft, einander zu lieben und zu dienen.

Jakob will den Martin spielen

(Jakob und Kathi spielen im Zimmer. Jakob hat den Hund zwischen den Beinen und markiert „Reiten“. Der Vater schaut zur Tür herein.)

Jakob: Beeil dich, mein liebes Pferd, damit wir schnell nach Hause kommen!

Kathi: Huhuhu, mir ist so kalt, ich hab’ Hunger, ihr lieben Leute, helft mir doch –

Vater: Ah, ihr spielt da – dann will ich nicht stören –

Jakob: Kannst ruhig hereinkommen und zuschauen. Wir brauchen sowieso Zuschauer, die applaudieren.

Vater: Aha, wird das ein Theaterstück? Gut, schau’ ich zu ... Da komm’ ich wenigstens auf andere Gedanken. Die alte Frau Swoboda, die hat mich auf der Straße wieder abgefangen und mir ihr halbes Leben erzählt. Wie ein Wasserfall. Daß die niemanden hat, der ihr zuhört, daß sich die Verwandtschaft nicht kümmert, das ist schon arg. – Naja. Also: Wie heißt euer Stück?

Kathi: Martin und der Bettler. Ich bin der Bettler.

Jakob: Und ich bin der heilige Martin, und der Flocki ist mein Pferd.

Vater: Der Flocki, um Himmels willen.

Jakob: Ich tu’ nur so, als tät’ ich reiten. Eh nicht wirklich.

Vater: Na schön. Dann probt nur weiter.

Kathi: Morgen im Kindergarten ist die Aufführung.

Jakob: Der Martin aus dem Neunerhaus, weißt du, der jetzt im Spital war, er hat den Blinddarm herausgekriegt, und morgen kommt er zum ersten Mal wieder in den Kindergarten, und er darf noch nicht rumtoben.

Kathi: Drum spielen wir ihm das Stück vor, als Trost. Der heilige Martin ist sein Namenspatron.

Vater: Das war doch dieser Soldat mit dem Mantel -

Jakob: Nicht so ein Mantel mit Ärmeln, mehr ein Umhang, wie die Mutti einen hat.

Vater: Ein Reitermantel, ein Umhang, ich verstehe.

Jakob: Kostüme haben wir erst morgen. Du mußt dir den Mantel und das Schwert vorstellen, Vati.

Vater: Gut, ich stell' mir alles vor.

Kathi: Ich sitze vor dem Tor und bettle. – Huhuhu, mir ist so kalt, ich erfriere sicher bald. Leute, helft mir in der Not –

Jakob: Was erblick' ich vor dem Tor? Ein armer Bettler sitzt davor. – Na so was, alle Leute gehn an ihm vorüber. Keiner gibt ihm was. So eine Gemeinheit. Er ist allen Wurscht. Begreifst du das, Flockipferd?

Flocki (verneinend): Wuff!

Jakob: Ich versteh's auch nicht. Das ist doch allerhand, daß sich keiner um ihn kümmert! – Uff, jetzt kommt mir ein Gedanke! Dieser Bettler ist für mich übriggeblieben. Ich soll mich um ihn kümmern. – Ganz klar, den hat der liebe Gott mir geschickt, sonst hätt' sich ja schon wer anderer gekümmert. Flockipferd, wir reiten näher hin!

Kathi: Reitersmann, tu dich erbarmen, reit nicht vorüber an dem Armen!

Jakob: Wart, ich schenk' dir was. Oje, wo ist mein Geld! Ojeoje, alles ausgegeben, alles schon hergeschenkt. Bettelmann, weißt du was, ich schenk' dir etwas Warmes zum Zudecken. Die Hälfte von meinem Umhang. Der ist ja groß genug für uns beide. Mein Schwert, das schneidet – eins, zwei, drei – den Mantel hurtig nun entzwei. Ritschratsch, so, da hast du die eine Hälfte, wickel dich ein.

Kathi: Vielen Dank, lieber Reitersmann.

Jakob: Bitte, bitte. Gern geschehn. – (Zum Vater.) Na? Gefällt's dir?

Vater: Bravo, Bettelmann, bravo, heiliger Martin, bravo, Flockipferd.

Kathi: Ich glaub, das wird schon gutgehen morgen. Ich üb' heut abend noch mit meiner Mutti. Komm, Flocki. Tschüs, Jakob. Auf Wiedersehn.

Vater: Auf Wiedersehn, Kathi!

Jakob: Servus! (Kathi mit Hund ab.)

Jakob (setzt sich neben den Vater): Weißt du, was mir besonders gefällt – wie der heilige Martin draufgekommen ist, daß der Bettler für ihn war. Den hat ihm der liebe Gott extra geschickt. Glaubst du, schickt er mir auch einmal einen Bettler?

Vater: Es muß ja nicht grad ein Bettler sein.

Jakob: Nein. Irgendwen zum Kümmern. So wie er dir immer die Frau Swoboda schickt, zum Zuhören.

Vater (räuspert sich): Die Frau Swoboda – Ideen hast du –

Elisabeth (von draußen): Vati, Jakob! (Eilig herein.) Die Mutti will, daß ich ihr vom Eckgeschäft noch schnell eine blaue Nähseide hole, aber die Frau dort ist immer so unfreundlich, wenn einer so knapp vorm Zusperren kommt. Vati, gehst du statt mir hin, bitte?

Vater: Jetzt, wo ich grad erst nach Haus gekommen bin … Und überhaupt, Nähseide. Da bring' ich womöglich die falsche … es gibt so viele Blau, hast du eine Ahnung – also, das kann ich wirklich nicht. (Ab.)

Elisabeth: Jakob – könntest nicht du –

Jakob: Noja, wenn ich als einziger überbleib' … geh' ich halt mit dir zusammen hin …

Jakob will den Martin spielen

Jede Zeit braucht Leitbilder, Vorbilder. Nicht um sie zu kopieren, dann wären sie bloß Idole, die ihre Fans um sich scharen, sondern um sich mit ihnen auseinanderzusetzen. Martin von Tours ist ein Heiliger, der sehr im Kontrast zu seiner Zeit gelebt hat. Als Sohn eines Soldatenführers wurde er nach dem Kriegsgott Mars genannt. Auf Grund seiner Bekehrung verzichtete er jedoch auf die vorgesehene Militärkarriere. Von seinem Leben als Einsiedler vor den Mauern der Stadt waren die Menschen so beeindruckt, daß sie ihn baten, ihr Bischof zu werden. Er sagte es ihnen nur zu, wenn er sein einfaches Leben vor den Toren der Stadt nicht aufgeben müsse. Er kümmerte sich auch gegenüber dem Kaiser nicht um Protokoll und Rangordnung.

Vereinzelt gibt es noch den Brauch, daß der Viehhirte, der Letzte in der gesellschaftlichen Rangordnung eines Dorfes, am 11. November den Tieren den Martinssegen gibt. Hier ist vielleicht noch die Ablehnung jeglichen gesellschaftlichen Statusdenkens durch den hl. Martin lebendig. Vielleicht wird er aber so wie Franz von Assisi auch noch als „alternativer“ Heiliger entdeckt. Sein unerschrockenes Auftreten gegenüber den Mächtigen war nicht nur damals beeindruckend.

Bekannt ist er bei uns auch durch die Martinigans, Mittelpunkt eines althergebrachten üppigen Erntedankessens am 11. November vor Beginn des alten, sechswöchigen Advents und dem damit verbundenen Fasten.

Die Legende von der Begegnung mit dem Bettler ist aber *die* Martinsgeschichte schlechthin. Der hl. Martin ließ sich ansprechen von der Not des Bettlers und handelte seinen persönlichen Möglichkeiten entsprechend. Wie schon Jesu Beispielsgeschichte vom barmherzigen Samariter deutlich machte, ist der Nächste der Mensch, der *mich* braucht: „Mir … gefällt … wie der hl. Martin draufgekommen ist, daß der Bettler für ihn war.“ Legenden können dem Kind die Augen öffnen für den Anspruch des Lebens und es zum kind- und sachgemäßen Handeln herausfordern: „Irgendwen zum Kümmern.“ Dadurch wird dem Kind ein sittliches Handeln ermöglicht, das von Einsicht und nicht von Lohn oder Strafe bestimmt ist.

Jakob ist eifersüchtig

(Jakob spielt mit Flocki vor dem Haus. Der Vater kommt heraus. Flocki beschnuppert ihn.)

Vater: Braver Flocki.

Jakob: Die Kathi hat ihn mir bis zum Abendessen geborgt.

Vater: Nett von der Kathi. – Du, Jakob, wenn die Mutti kommt, sag ihr, ich bin die Elisabeth abholen gegangen. Ich hol' sie von der Flötenstunde ab. Und dann machen wir noch einen kleinen Bummel durch die Stadt, vielleicht wird's ein bißchen später. Ein Spaziergang wird mir guttun. (Ab.)

Jakob (schaut ihm nach): Also so was!

Flocki: Wuff!

Jakob: Nicht einmal gefragt hat er, ob ich auch mitgehen will …

Flocki: Wuff?

Jakob: Womöglich gehen die noch auf ein Eis oder in eine Konditorei – ohne mich. Ich bin traurig, Flocki.

Flocki: Wuff, wuff, wuff.

Jakob: Also wirklich traurig.

Mutter (mit Einkaufskorb zurück): Na, Jakob, du hockst da so herum –

Jakob: Der Flocki muß mich trösten. – Der Vati ist die Elisabeth abholen gegangen.

Mutter: Fein.

Jakob: Und dann machen sie noch einen kleinen Bummel – hat der Vati gesagt.

Mutter: Das tut beiden gut. (Will ins Haus.)

Jakob: Vati hat die Elisabeth lieber als mich, gelt?

Mutter: Wie bitte?

Jakob: Der Vati mag die Elisabeth mehr als mich –

Mutter: Wie kommst du auf so was?

Jakob: Er holt sie ab, und dann gehen sie Eis essen, und überhaupt –

Mutter: Einer von uns holt die Elisabeth doch immer von der Flötenstunde ab, damit sie am Abend nicht allein herumrennt.

Jakob: Aber der Vati hat immer so ein Getue mit der Elisabeth. Sie darf viel mehr als ich. Sie darf auch länger aufbleiben.

Mutter: Sie ist ja auch ein bißchen älter als du, nicht?

Jakob: Und wenn sie auf ihrer Flöte herumquietscht, ist der Vati ganz begeistert. Mir tun die Ohren weh, wenn sie spielt. Ihm nicht.

Mutter: Na, weißt du, der Vati mag Musik, und er hofft, daß die Elisabeth einmal auch Spaß dran haben wird. Darum macht er ihr Mut.

Jakob: Mir hat er noch nie Mut gemacht, wenn ich trommle –

Flocki: Wuff!

Mutter: Jakob, mir scheint, du bist eifersüchtig.

Jakob: Er soll die Elisabeth nicht mehr mögen als mich!

Mutter (setzt sich aufs Bankerl): Jakob –

Jakob: Er soll uns beide gleich mögen –

Mutter: Du, ich weiß nicht, ob das ein Mensch überhaupt fertigbringt – alle immer gleich liebzuhaben. Eine Torte kann man in gleich große Stücke schneiden, wenn man achtgibt. Aber beim Liebhaben geht das nicht so haargenau. Ich erinner' mich: Wie die Tante Steffi und ich Kinder waren, hat uns die Omama manchmal auch unterschiedlich liebgehabt, einmal mehr mich, dann wieder mehr die Steffi. Liebhaben kann man nicht messen. Und alle ganz gleich liebhaben, ganz gerecht, das kann überhaupt nur der liebe Gott.

Jakob: Der kann das?

Mutter: Ja, der kann das. Der hat jeden Menschen lieb, egal, ob der nun gescheit oder dumm, schön oder häßlich, gut oder garstig ist.

Jakob: Die bösen Leute mag er aber nicht, oder?

Mutter: Doch, Jakob, er mag sogar die bösen, aber die wollen das manchmal nicht glauben.

Jakob: Aber kann der liebe Gott nicht machen, daß alle Väter ihre Kinder gleich liebhaben?

Mutter: Nein, dazu kann er keinen Menschen zwingen, denn Liebhaben ist etwas Freiwilliges. Du kannst keinem Menschen vorschreiben, wie lieb er dich haben muß. Kann jemand der Kathi anschaffen, daß sie zum Beispiel den Rudi lieber haben soll als dich?

Jakob: Nein, nein, so was läßt sich die Kathi nicht anschaffen, die nicht!

Flocki: Wuff!

Mutter: Und dir kann auch keiner anschaffen, wen du auf der Welt am liebsten haben sollst. Das ist ganz deine Sache.

Jakob: Ich hab' viele lieb. Menschen und Tiere (streichelt Flocki), und mich selber mag ich auch!

Mutter: Na, dann geht's dir eigentlich ganz gut, nicht?

Jakob: Ja!

Flocki: Wuff!

Jakob ist eifersüchtig

Eifersucht ist eine Krankheit, eine Sucht. Sie macht blind, rasend, abhängig, frißt einen auf, kann töten. Eifersucht kann einen Menschen völlig verändern und beherrschen. Eine Wurzel der Eifersucht dürfte in der Angst, zu kurz zu kommen, liegen: die ganze Zuwendung haben zu müssen, die ganze Aufmerksamkeit, die Liebe nicht teilen zu können.

Jakob ist wie viele Kinder, die Geschwister haben, eifersüchtig. Scheinbar oder tatsächlich hat der Vater

Elisabeth mehr lieb. Eine bittere Erfahrung. Die Mutter nimmt ihm diese Erfahrung nicht, sie vertröstet ihn nicht. „Du hast doch mich." „Nimm es nicht so tragisch." Das sagt sie nicht, sondern stellt an ihn den Anspruch, diese Situation zu bewältigen. Die Mutter mutet ihm zu, in dieser Situation zu reifen.

Ihr Sprechen von Gott soll Jakob nicht die Zuwendung des Vaters ersetzen, sondern seinen Horizont erweitern. Jakob prüft sofort den Wahrheitsgehalt, daß Gott den Menschen wirklich bedingungslos liebt. Ist die Liebe Gottes nicht doch auch davon abhängig, ob einer liebenswert ist? Muß man sich Gottes Liebe nicht doch erst verdienen, sie für sich sicherstellen? „Die bösen, garstigen Leute aber mag er nicht, oder?" Die Mutter macht es Jakob deutlich: Gott liebt den Menschen nicht erst, wenn er es sich auf Grund seines Verhaltens verdient hat, sondern er liebt ihn von Anfang an. Gott ist dem Menschen zugewandt, unbeirrbar, er liebt den Menschen bedingungslos. „Er mag sogar die Bösen, aber die wollen es manchmal nicht glauben." Gottes Liebe kann und braucht man sich nicht zu verdienen, die ist jedem schon geschenkt.

Und zur Liebe kann man nicht zwingen, „denn Liebhaben ist etwas Freiwilliges". Angesichts seiner Fähigkeit, andere zu lieben und sich selbst, ist kein Platz mehr für Eifersucht: „Ich hab' viele lieb. Und mich selber mag ich auch!" Ohne Selbstwertgefühl und Hingabefähigkeit könnte Jakob der Eifersucht nicht Herr werden. Die Mutter war ihm in dieser Situation anregender Gesprächspartner. Jakob ist aus Einsicht ein Stück reifer geworden. Er hat keine Angst mehr, zu kurz zu kommen.

Eine Trommel für den lieben Gott

(Im Kinderzimmer. In der Mitte eine Trommel, aus einer Waschpulvertrommel gebastelt. Elisabeth schlägt sie mit den Händen. Jakob tanzt dazu.)

Jakob: Schade, daß die Mutti spazierengegangen ist. Immer wenn wir eine neue Trommel ausprobieren, rennt sie fort. Sie hätte mittanzen können.

Elisabeth: Ich glaub', das ist meine schönste Trommel geworden. Die schönste von allen sieben. Wenn ich wieder eine leere Waschpulvertrommel bekomme, mach' ich wieder eine.

Jakob: Du bist eine richtige Trommelmacherin.

Elisabeth: Ja, jetzt kann ich's schon, gelt?

Jakob: Wirst du diese Trommel auch herschenken?

Elisabeth: Wahrscheinlich. Ich brauch' ja nicht mehr als eine.

Jakob: Wem wirst du sie schenken?

Elisabeth: Das weiß ich noch nicht.

Jakob: Der Kathi?

Elisabeth: Wieso grad der Kathi?

Jakob: Die hat noch keine. Und sie würde bestimmt gern eine haben.

Elisabeth: Naja, ausgerechnet der Kathi –

Jakob: Oder schenk sie mir?

Elisabeth: Dir? Ohne Geburtstag und Namenstag, einfach so?

Jakob: Einfach so!

Elisabeth: Hast du überhaupt eine Ahnung, wieviel Arbeit so eine Trommel macht, bis sie fertig ist? Die Schnüre und die Haut und alles – und die Bemalung – bis alles wieder trocken ist. – Außerdem ist es wirklich meine schönste Trommel, meine Lieblingstrommel.

Jakob: Wem würdest du sie denn gern schenken?!

Elisabeth: Das müßte schon jemand Besonderer sein.

Jakob: Ich weiß was. Schenk sie dem lieben Gott.

Elisabeth: Dem lieben Gott? Ideen hast du –

Jakob: Schenk sie dem lieben Gott. Und der borgt sie dann mir!

Elisabeth: Du spinnst!

Jakob: Gar nicht. Der liebe Gott würde sie mir borgen, weil er weiß, wie gerne ich eine hätte. Der liebe Gott ist nicht neidisch. Er freut sich, wenn ich Spaß an seiner Trommel habe.

Elisabeth: Was du dir immer ausdenkst –

Jakob: Und dann würde ich die Trommel weiterborgen – der Kathi. Je mehr Kinder Spaß dran haben, desto mehr Spaß macht sie dem lieben Gott. Garantiert. (Trommelt.) Und es ist wirklich eine besonders feine Trommel.

Elisabeth: Na, wenn sie dir so gefällt – nimm sie halt –

Jakob: Geborgt, nur geborgt.

Elisabeth: Von mir aus!

Jakob: Juchu! (Zum Fenster hin:) Kathi! Kathi! Komm herüber! Mit dem Flocki!

(Die Geschwister trommeln gemeinsam.)

Kathi (kommt herein): Bei euch geht's zu!

Flocki: Wuff! Wuff! (Er freut sich.)

Kathi: Jö, was habt ihr da für eine schöne Trommel – darf ich auch einmal?

Jakob: Bitte. – Die gehört dem lieben Gott, weißt du. Aber ich darf drauf trommeln und du auch. Er borgt sie uns. Kannst sie sogar nach Hause nehmen.

Kathi: Immer hab' ich mir so eine Trommel gewünscht –

Jakob (zu Elisabeth): Na, was hab' ich gesagt –

(Flocki bellt, sie trommeln und tanzen.)

Eine Trommel für den lieben Gott

Was können Kinder doch streiten! Oft hat der eine genau das, was der andere auch jetzt unbedingt haben muß. Oft erlebt. Kinder spielen miteinander, freuen sich aneinander, bis es kriselt.

Auch hier ist es so: Elisabeth hat eine besonders schöne Trommel gemacht. Der Stolz auf ihr eigenes Werk ist stärker als der Wunsch, anderen eine Freude zu machen. Ein Konflikt droht.

Die einen Eltern würden sagen: „Sie muß verzichten können.“ Die anderen Eltern würden sagen: „Wenn sie nicht will, kann sie die Trommel behalten, sie hat sie schließlich selbst gemacht.“ Keiner der beiden Rat-„Schläge“ bringt eine befriedigende Lösung für beide, weil immer nur einer seine Meinung durchsetzen kann, der andere verliert. Keiner der beiden Rat-„Schläge“ bereichert, hilft, die Beziehungen weiterzuentwickeln. Als allgemeine Grundsätze können sie konkreten Situationen nicht gerecht werden. Sie verhindern aber auch Beziehung, ja sind sogar bedrohlich. Der eine Rat-„Schlag“ bedroht Elisabeth in ihrem Künstlerehrgeiz – die Trommel ist ein Stück von ihr –, der andere Rat-„Schlag“ bedroht das Mit-einander-Leben, das sich ja auch in einem Mit-einander-Teilen äußert.

Wäre es hilfreich, Elisabeth auf Gott und das Gebot der Nächstenliebe zu verweisen? Nein, denn dieser Hinweis käme von außen, würde fremdbestimmtes Verhalten fördern und ein Verhalten aus Einsicht verhindern. Das Sprechen von Gott in dieser Art verstärkt nur den bestehenden Anspruch, die Trommel hergeben zu sollen, führt aber keinen neuen Gesichtspunkt ein. So kann Elisabeth in ihrer Schwierigkeit, nicht teilen zu können, nicht geholfen werden.

In unserem Spiel kommt Gott aber nicht ins Gespräch als einer, der Vorschriften macht, der Grenzen zieht, der Forderungen aufstellt. Gott kommt ins Spiel als einer, der neue Möglichkeiten eröffnet, durch den es zu der menschenfreundlichen Lösung kommt. „Schenk sie dem lieben Gott.“ Ein verblüffender Gedanke, aber einfach genial. Erst dadurch, daß „Gott ins Spiel kommt“, wird die Situation verändert. Nicht weil er zauberhaft eingreift, sondern weil der Blick auf ihn den Weg weist: Gott will, daß das Miteinanderleben gelingt, er sorgt sich, er ermutigt, er hilft, er hat Anteil an diesem Gelingen.

Die Nächstenliebe ist dabei kein „Gebot“ Gottes. Unsere Umgangssprache legt nahe, sich in diesem Falle Gott als Gebieter vorzustellen, der dann auch über die Einhaltung seiner Vorschriften wacht. „Je mehr Kinder Spaß daran haben, desto mehr Spaß macht sie dem lieben Gott“: Gott freut sich, wenn wir einander Freude machen. Er gibt uns Freude und Kraft zur Nächstenliebe.

Hilfreiches Reden von Gott verändert, befreit, schafft Beziehungen und neue Möglichkeiten. Darauf kann diese Szene aufmerksam machen. Im Vorfeld jeder religiösen Betrachtung sollte alles vermieden werden, was das Kind auf eine fremdbestimmte Lohn- und Strafmoral fixieren könnte.

Ich kann es – *Kompetenzerfahrung*

Die Freude eines Kindes an neuerlernten Fähigkeiten kann überschwenglich sein. Es hat wieder ein neues Stück Lebensfähigkeit erworben. Im Erobern der Welt liegt das Ziel kindlichen Strebens. Dafür braucht es eine Atmosphäre der Geborgenheit und ein gesundes Selbstwertgefühl. Die Eltern müssen dem Kind etwas zutrauen und zumuten. Und auch das Kind braucht Vertrauen zu sich und seinen Fähigkeiten. Überspielte Unsicherheit kann zum Risiko total führen, geförderte Unsicherheit läßt erst gar keinen Mut aufkommen.

Die körperlichen Fähigkeiten mögen zwar lange im Vordergrund stehen, sie betreffen aber nur einen in der Entwicklung sehr wichtigen Aspekt auf dem Weg zur Menschwerdung des Kindes. Man soll sie nur nicht zu gering schätzen. Die körperliche Beweglichkeit und der Erwerb der entsprechenden Fähigkeiten sind Grundlage und Stimulans für die geistig-seelische Entwicklung. Deshalb ist auch die von äußeren Lebensbedingungen und Ansprüchen der Erwachsenen erzwungene Bewegungsarmut eine so große Gefahr für die körperlich-seelische Gesundheit des Kindes.

Zu der Erfahrung „Ich kann es“, ich werde zuständig, kompetent im Umgang mit der Welt, gehört auch die Entwicklung der Fähigkeit, die Beziehungen mit den Mitmenschen zu gestalten. Dabei ist zu bedenken, daß ein Kind im Vorschulalter eine natürliche, berechtigte und notwendige Egozentrik besitzt, also eine Eigenschaft, alles auf sich zu beziehen, von sich und seinen Bedürfnissen her zu verstehen. Es wäre also verfehlt, dem Kind seine Egozentrik „austreiben“ zu wollen oder diese moralisch zu bewerten. So wie es verfehlt ist, dem Kind die Möglichkeit zu nehmen, seine berechtigten Ansprüche anzumelden und durchzusetzen. Nur ein Kind, das sich durchsetzen kann, kann angeregt werden, auf die eigenen Ansprüche zu verzichten. Dann wird es diese Anregung nicht als gefährdend, bedrohlich und begrenzend erleben, sondern als Eröffnung einer neuen, für beide bereichernden Möglichkeit. Sonst ist ja auch nicht klar, ob der Verzicht auf die eigenen Rechte aus (Groß-)Mut oder aus Feigheit geschieht. Aus Feigheit heraus kann aber keine Beziehung gestaltet werden, in die sich das Kind ganz einbringen, angenommen und bereichert erleben kann. Es kann sich daher ebenso in der Erziehung aus dem Glauben heraus nicht um eine Erziehung zur „Selbst"losigkeit handeln. Aber auch die vordergründig verstandene „Selbstverwirklichung" kann nicht das eigentliche Ziel sein.

Aufgabe der Eltern ist es vielmehr, das Kind anzuregen, zu ermutigen, zu begeistern, auf andere zuzugehen. Dort, wo es dem Kind gelingt, Konflikte auszutragen, Beziehungen zu gestalten, erfährt es: das Leben mit anderen ist bereichernd und nicht bedrohend, erfährt es seine Kompetenz in der Gestaltung des Miteinanderlebens, auch wenn es dabei Enttäuschungen gibt. Ein sensibles und anregendes Sprechen von Gott kann hier das Kind be-Geist-ern und ihm helfen, den Mut angesichts von Enttäuschungen und negativen Erfahrungen nicht zu verlieren.

Ein Kind, das angeregt ist, seine Beziehungen mit anderen Kindern und Erwachsenen positiv zu gestalten, wird sich aber auch gegenüber den Eltern zu Wort melden, wenn ihr Verhalten hinter den erkannten Ansprüchen zurückbleibt. Und dies ist gut und heilsam für alle so. Es fördert das Gespräch, das Kind ist den Erwachsenen nicht einfach ausgeliefert. Vieles an kindlicher Trotzreaktion und Kratzbürstigkeit geschieht aus einer Erfahrung der Ohnmacht heraus, die von den Erwachsenen noch verstärkt wird, je mehr sie zum „Kampf blasen“ gegen die Reaktion des Kindes, ja gegen es selber.

Jede Kompetenzerfahrung des Kindes im Umgang mit anderen öffnet die Augen für andere und verhindert Ohnmachtserfahrung, die blind macht.

Elisabeth traut sich was

(Vor dem Haus. Vater mit Werkzeugkiste. Er sucht verzweifelt und gerät in Zorn.)

Vater: Nichts findet man! Nichts findet man! Alles durcheinander! Da hat wieder einer herumgefuhrwerkt! Natürlich ohne mich zu fragen! – (Geht zum Fenster hin.) Jakob! Jakob!

Jakob (schaut zum Fenster heraus): Ja!

Vater (etwas brüsk): Ich such' den Schraubenschlüssel und die Flachzange!

Jakob: Vielleicht in deiner Werkzeugkiste?

Vater: Nein! Da hab' ich grad nachgeschaut!

Jakob: Vielleicht hast du sie im Keller liegenlassen?

Vater: Also, da hört sich doch alles auf! *Ich* hab sie liegenlassen?! Wer borgt sich denn immer mein Werkzeug aus und schleppt es weg und läßt es an unmöglichen Stellen liegen, hä?

Jakob: Ich leg' immer alles zurück!

Vater: Na, dann tät' ich's ja jetzt finden! Aber die Flachzange ist spurlos verschwunden! Und der Schraubenschlüssel auch. Weil ununterbrochen Hundehütten und Schifferln und lauter so blödes Zeug gebaut werden müssen! Wenn man dann einmal etwas arbeiten will, hat man kein Werkzeug!

Jakob: Aber die Hundehütte war auch Arbeit!

Vater: Ich verbiete dir für alle Zukunft, in meiner Werkzeugkiste herumzukramen, verstanden!

Jakob: Aber Vati –

Vater: Ich will nichts mehr hören. Und jetzt such gefälligst meine Flachzange. Schau einmal bei deinem Kram nach!

Jakob (verschwindet vom Fenster)

Vater (wieder zur Werkzeugkiste hin): Eine bodenlose Schlamperei – diese Schlamperei muß man dem Jakob austreiben –

Elisabeth (aus dem Haus, geht zum Vater): Du, Vati –

Vater: Na, ist sie aufgetaucht, die Zange?

Elisabeth: Du hast den Jakob jetzt sehr gekränkt, Vati!

Vater: Ob der Schraubenschlüssel und die Zange endlich aufgetaucht sind?!

Elisabeth: Nein. Du, hör mir zu. Der Jakob –

Vater: Der interessiert mich jetzt nicht.

Elisabeth: Aber er ist nicht schuld, daß die Zange weg ist. Du hast dem Herrn Huber die Zange und den Schraubenschlüssel geborgt. Erinnerst du dich nicht?

Vater: Dem Herrn Huber – ?!

Elisabeth: Letzte Woche hast du mich hinübergeschickt zu ihm mit der Zange und dem Schraubenschlüssel. Ich weiß es ganz genau.

Vater: Richtig! Gut, daß dir das eingefallen ist! Natürlich, der Herr Huber! Geh, lauf schnell hinüber, und frag ihn – aber höflich, gelt –, ob er sie noch braucht!

Elisabeth: Gut. Und du gehst derweil zum Jakob und entschuldigst dich …

Vater: Wie bitte?

Elisabeth: Na, du hast mit ihm geschimpft, und er war's gar nicht. Jetzt sitzt er drin und kränkt sich, weil du ihm nicht glaubst.

Vater: Er soll kein Theater machen wegen so was.

Elisabeth: Wenn der Jakob und ich gestritten haben, wollt ihr immer, daß wir uns wieder versöhnen.

Vater: Jetzt wird sie auch noch keck! Jetzt will sie mir auch noch Vorschriften machen, was ich tun soll!

Elisabeth: Ich bin gar nicht keck. Ich hab' dich nur erinnert, daß du dich entschuldigst.

Vater: Also, so eine Tochter kann doch wirklich eine lästige kleine Wanze sein! (Ab ins Haus.)

(Im Zimmer. Jakob brütet lustlos über seinen Spielsachen. Der Vater kommt herein.)

Vater: Das Werkzeug hat sich der Herr Huber ausgeborgt. Die Elisabeth hat mich daran erinnert.

Jakob: Aha!

Vater: Und – Jakob – natürlich kannst du dir ab und zu mein Werkzeug ausborgen, wenn du etwas – arbeitest. Das früher – das hab' ich im Grant gesagt. Es tut mir leid.

Jakob: Ich würde nämlich gern einmal eine Windmühle bauen.

Vater: Eine Windmühle – mhm –, da müssen wir einmal schauen, ob wir in einem Bastelbuch ein Modell finden.

Jakob: Oder selber eins zeichnen.

Vater: Oder selber eins zeichnen.

Elisabeth traut sich was

Immer wieder kommt es vor, daß Kinder, vielleicht ohne böse Absicht, ungerecht behandelt werden. Nun gibt es einige Erwachsene, die gehen zur Tagesordnung über, weil Kinder früh genug lernen müssen, Unrecht zu ertragen; im späteren Leben wird es ihnen nicht anders ergehen. „Eine gesunde Abhärtung ist für den späteren Lebenskampf notwendig." Vielleicht handeln diese Menschen so, weil sie als Kinder ein Übermaß an Ungerechtigkeit ertragen mußten, vielleicht spielt auch die Unsicherheit eine Rolle, man könnte sein Gesicht verlieren, wenn man dem Kind gegenüber einen Fehler eingesteht.

Auf alle Fälle hat dieses Verhalten große Folgen. Es verunsichert. Es stellt das Vertrauen in die Zuverlässigkeit der Eltern in Frage. Es kann Grundvertrauen abbauen. Darüber hinaus legt dieses Verhalten, das einem Kind zumutet, Unrecht unbegründet zu ertragen, eine Vorstellung von Gott nahe, der ungerecht, unberechenbar und lieblos erscheint. Das wäre ein unchristliches Gottesbild.

Wie schwer es auch Erwachsenen fällt, sich zu entschuldigen, zeigt unsere Szene deutlich. Vielleicht macht es Mut zu sehen, was die wenigen, aber ehrlichen Worte: „Es tut mir leid" bewirken. Die Beziehung mit dem Kind wird erneuert, tragfähiger, das Vertrauen des Kindes gegenüber den Erwachsenen und dem Leben gestärkt. Dabei kann das Kind auch lernen, selber Fehler zu erkennen und einen neuen Anfang zu setzen, es lernt Umkehr, in der Sprache der Tradition: Buße. An der Versöhnungspraxis der Eltern untereinander und gegenüber ihren Kindern lernt das Kind Worte und Zeichen der Versöhnung.

Wer betroffen ist vom Unrecht, das anderen geschieht, ist von innen her getrieben zu handeln. Mit Elisabeth können Kinder ermutigt werden, für andere einzutreten. Das ist nicht leicht, man muß dabei hartnäckig sein, man darf nicht lockerlassen. Elisabeth kann es. Dabei ist auch die Art, wie sie es macht, entscheidend. Und sie verlangt eine Entschuldigung des Vaters. Kinder sollen sich gegenüber Erwachsenen nicht nur anpassen, sondern in die Beziehung mit Erwachsenen auch eigene Wertvorstellungen einbringen.

Jakob, der Mutmacher

(Im Kinderzimmer. Elisabeth mit Puppenwagerl, Kathi und Jakob vor einer Staffelei, auf der eine Jakob-Skizze mit Windmühle zu sehen ist. Flocki hört aufmerksam zu.)

Jakob: Diese Zeichnung hab' ich selber gemacht. Wenn man etwas bauen will, muß man vorher eine Zeichnung machen.

Kathi: Nach dieser Krixi-Kraxi-Zeichnung willst du etwas bauen?

Jakob: Na hör, das ist doch meine Windmühle!

Kathi: Aha, aha, aha!

Jakob: Erkennst du die Windmühle vielleicht nicht?

Kathi: Na wenn du mir sagst, daß es eine ist –

Jakob: Aber diese Windmühle erkennt doch sogar der Flocki! Flocki, ist das eine Windmühle, ja oder nein?

Flocki: Wuff!

Jakob: Na siehst du!

Kathi: Aber diese komischen Schuhlöffel –

Jakob: Das sind keine Schuhlöffel, das sind die Flügel der Windmühle.

Kathi: Und jedes Trumm extra –

Jakob: Na klar, sonst weiß ich doch nicht, wie viele Teile ich zurechtschneiden muß und wieviel Holz ich brauch' –

Elisabeth: Das ist keine Zeichnung von einer Windmühle, sondern ein Werkplan.

Kathi: Also mir gefallen deine richtigen Zeichnungen besser als diese Krixi-Kraxi-Pläne!

Jakob (friedlich): Du verstehst halt nicht soviel davon. Macht nichts.

Kathi: Was? Ich versteh' nichts? Also manchmal bist du schon ein garstiger Jakob. Du mußt mich doch nicht beleidigen, nur weil mir deine Pläne nicht gefallen. Sei nicht so eingebildet auf deine Pläne … So toll sind sie wirklich nicht.

Jakob: Hauptsache, die fertige Windmühle gefällt dir. Die Zeichnung muß dir ja nicht gefallen.

Kathi: Na, wenn's dir Wurscht ist, was ich dazu meine. – Ich glaub, du kannst mich heute nicht leiden. Auch gut, Flocki, komm, wir gehen. (Ab).

Flocki (wendet ein paarmal den Kopf nach Jakob, wird hinausgezerrt)

Elisabeth: Also die Kathi war jetzt grauslich –

Jakob: Naja.

Elisabeth: Daß du dir so was gefallen läßt.

Jakob: Naja –

Elisabeth: Wenn das meine Freundin wäre, würde ich jetzt sehr gekränkt sein –

Jakob: Hm!

Elisabeth: Ich würde nicht mehr mit ihr spielen wollen.

Jakob: Sie kommt bestimmt gleich wieder und sagt, daß sie es nicht so gemeint hat.

Elisabeth: Glaubst du wirklich?

Jakob: Aber garantiert.

Elisabeth: Na, wir werden's ja sehen.

(Peinliche Pause, Elisabeth spielt, Jakob geht herum und pfeift.)

Elisabeth: Jetzt könnte sie schon kommen, wenn sie wirklich kommen will –

Jakob: Sie wird schon kommen …

Elisabeth: Daß du halt nicht enttäuscht bist – wenn sie nicht kommt –

(Kurze Wartepause, dann geht Jakob schnell hinaus. Vor dem Haus. Jakob späht vorsichtig nach Kathi.)

Jakob: Aha, dort steht sie. Beim Zaun. Und traut sich nicht her. (Er geht zur Schaukel.) Hallo, Flocki!

Flocki: Wuff!

Jakob (schaukelt): Du, Kathi, ich bin traurig, weil du gesagt hast, daß ich dich nicht leiden kann. Ich kann dich schon leiden – sogar, wenn du so komisch bist wie heute.

Kathi (dreht und wendet sich)

Jakob: Magst du mich nicht fragen, ob ich eh nicht bös bin?

Kathi (kommt langsam näher)

Flocki (stupst sie aufmunternd an): Wuff? Wuff?

Kathi: Du, Jakob, sei nimmer traurig. Es tut mir leid, daß ich dich gekränkt hab'. Glaubst du, hält diese Schaukel zwei aus?

Jakob: Aber garantiert!

(Sie schaukeln beide, was Flocki mit zufriedenem Gebell zur Kenntnis nimmt.)

Jakob, der Mutmacher

Die Ausgangssituation ist alltäglich: Ein Kind entwickelt eine Idee. Die Zeichnung ist – dem Alter entsprechend – nicht eindeutig. Für den, der gerade nicht auf „gleicher Wellenlänge funkt“, bietet sie sich zum Verreißen an. Aus einer momentanen Laune heraus nützt das andere Kind diese Situation, um zu triumphieren. Der Streit ist perfekt. Der Aggressor zieht „berechtigt“ beleidigt ab. Ein weiteres Kind legt noch ein Schäuferl nach, spielt Ohrenbläser. Jakob braucht viel Selbstwertgefühl und Ausgeglichenheit, um in der Situation bestehen zu können. Er will dem anderen nichts Böses und traut auch ihm nicht zu, Böses zu wollen: „Sie kommt bestimmt gleich wieder und sagt, daß sie es nicht so gemeint hat.“

Würden Erwachsene nicht fragen: „Wer hat angefangen?“ Als ob das „Wer-ist-der-Schuldige-Spiel“ hilft, die gestörten Beziehungen zu heilen. Jeder würde sich rechtfertigen wollen. Wer sich verteidigen muß, kann seine Schuld nicht sehen, er kann sie sogar leichter übersehen.

Jakob knüpft die Beziehungen mit Kathi wieder neu. Er beschuldigt Kathi nicht, er geht auch nicht einfach über das Geschehene hinweg. Jakob erzählt von sich: „Du, Kathi, ich bin traurig." Er stellt keine Forderungen, er will nicht siegen: „Magst mich nicht fragen, ob ich eh nicht bös bin?" Er lädt Kathi zu einem neuen Anfang ein. Da kann Kathi endlich sagen: „Es tut mir leid." Jakobs Versöhnungsangebot ermöglicht Schuldbewältigung. Kathi kann erleichtert und erleichternd antworten.

Schuld ist nicht die Folge eines fremden Urteilsspruches: „Schuldig!" Schuld ist die Konsequenz der eigenen inneren Erfahrung: „Das wollte ich nicht." – „Das war falsch." – „Das war nicht in Ordnung." – „So geht es nicht."

Eine Fülle von Rechtfertigungsversuchen kann die Schulderfahrung verhindern und somit letztlich zur Verhärtung des Herzens führen. Ein Versöhnungsangebot ohne Bedingungen und Vorbehalt erleichtert es einem, zu sich stehen zu können. Schuld muß hier nicht verdrängt werden, Schuld kann dann bewältigt werden.

Was not tut, ist viel Phantasie, konkrete Ideen, was man tun kann, um in gestörten Beziehungen einen neuen Anfang setzen zu können. So können dann auch Haltungen verstärkt werden, die helfen, Konflikte zu lösen. Dabei können die Eltern im Umgang mit ihren Kindern und den daraus erwachsenden Konflikten erfahrbar machen, daß nicht ein Kriminalfall zu lösen ist: „Wer ist der Täter?", sondern ein neuer Anfang für gemeinsame Beziehungen notwendig ist. So ist für die Kinder dann auch die Botschaft von Gott und seinem bedingungslosen Versöhnungsangebot an den Menschen glaubwürdig.

Aus Jakob kann so vieles werden

(Vor dem Haus. Jakob sinnierend auf dem Bankerl. Plötzlich springt er auf, steigt aufs Bankerl und ruft ins Zimmer hinein.)

Jakob: Vati!

Vaters Stimme: Ja?

Jakob: Du, ich sag' dir was!

Vater (erscheint am Fenster): Ist es dringend?

Jakob: Ja! – Du, rat einmal, was aus mir wird! Später, wenn ich groß bin!

Vater (will seinen Ärger nicht zu sehr merken lassen): Also, Jakob, das hat – glaub' ich – noch Zeit. Deshalb brauchst du mich jetzt nicht zu stören. Ich hab' mir Arbeit aus dem Büro nach Hause mitgebracht. Ich will jetzt bitte in Ruhe arbeiten!

Jakob: Aber ist das nicht wichtig, was aus einem wird?

Vater: Später können wir uns darüber unterhalten – wenn ich mit der Arbeit fertig bin. (verschwindet)

Jakob: Später – später –

Flockis Stimme: Wuff! Wuff!

Jakob: Die Kathi und der Flocki! Grad wenn ich sie am dringendsten brauch' – (Erfreut ihr entgegen.) Schön, daß ihr da seid!

Flocki (marschiert zur Gästehundehütte)

Kathi: Mir ist so nach Schaukeln zumute!

Jakob: Bitte sehr! (Er gibt Kathi Schaukelschubser.) Du, Kathi! (Sie schaukelt langsamer.) Rat einmal, was aus mir wird! Wenn ich einmal groß bin, meine ich –

Kathi: Na, was denn zum Beispiel – Formel-1-Pilot?

Jakob (verneinend): M-m.

Kathi: Hundezüchter? Ich borge dir den Flocki –

Jakob: Vielleicht nebenbei, in der Freizeit. Aber in der Hauptsache –

Kathi: Ein Schlagzeugstar –

Jakob: M-m. Ich glaube, ich werde Tischler. Ein Tischler, der alle Ecken schön abschleift, damit keiner sich weh tut.

Kathi: Mhm – das könntest du werden –

Jakob: Oder ein Schaffner, ein Straßenbahnschaffner, der weiß, wann man aus- oder umsteigt.

Kathi: Das wäre auch sehr schön.

Jakob: Oder vielleicht ein Clown auf der Bühne – oder im Fernsehen. Ein Clown mit großen, verhatschten Schuhen, der die Leute zum Lachen bringt. (Er spielt Kathi einen Clown vor.)

Kathi: Du wärst ein toller Clown, Jakob!

Jakob: Gelt, aus mir könnte vieles werden –

Kathi: Eins wird ganz bestimmt aus dir – da bin ich sicher -

Jakob: Na, was denn?

Kathi: Soll ich's dir ins Ohr sagen?

Jakob (nahe zu ihr hin, sie schaukelt ganz sanft): Na?

Kathi (von Flockis zustimmendem Wuff unterstützt): Aus dir könnte vieles werden. Aber bestimmt einer, der zuhören kann. Einer, der nicht lacht, wenn ich grad weine. Einer, der ein Geheimnis nicht weitersagt. Einer, der hilft, wenn ich dringend was brauche. Ein Jakob zum Mögen. – Wenn du ein Jakob zum Mögen wirst, dann ist's mir gleich, was du sonst noch wirst –

Jakob: Hm! – Du meinst, ich könnte alles werden?

Kathi: Aber bestimmt!

Jakob: Vielleicht, wenn du mir immer gut zuredest –

Kathi: Gut, ich werde dran denken. Ich werde dir Mut machen. Mut machen – das hilft sicher –

Jakob (nachdenklich): Hm! – (Geht zum Fenster hin.) Vati! Vati! Es ist wirklich dringend!

Vater (merkbar seufzend am Fenster): Also, was ist diesmal dringend –

Jakob: Ich sag' dir was. Wenn wir dir alle Mut machen, kann auch aus dir noch vieles werden!

Vater: Wie bitte?!

Jakob: Ein Geschichtenerzähler – ein Koch oder ein Fußballspieler – jedenfalls einer, der Zeit hat zum Spaßmachen – (Wieder nach links zur Kathi.)

Vater: Also – also wirklich –

(Er kratzt sich am Kopf.)

Aus Jakob kann so vieles werden

Die Berufswahl ist sicher eine der schwierigsten und schwersten Entscheidungen für Jugendliche und deren Eltern. Ein Stück weit wird diese Entscheidung erleichtert, weil der gelernte Beruf in der Regel nicht mehr der Beruf für das ganze Leben sein wird, ein Stück weit wird die Entscheidung erschwert, weil die große Zahl der jugendlichen Arbeitslosen zeigt, daß es Sackgassen von Anfang an geben kann.

Manche konzentrieren angesichts dieser Situation all ihre Aufmerksamkeit auf eine gute Ausbildung, hinter der alles zurückstehen muß. Selbst der Sonntag muß der Schule gewidmet werden. Von Ausbildung und Schule voll in Anspruch genommen, um es einmal zu etwas zu bringen, um nicht auf der Strecke zu bleiben, mißlingt dann meist das Menschwerden. Für viele ist der Beruf Ersatz für ihr Menschsein.

Dabei ist die Sprache oft verräterisch: „Ich werde Bankbeamter.“ Und sonst nichts? Alles wird dann auf dieses einzige und scheinbar wichtigste Lebensziel hingeordnet.

Talente, die dafür nichts bringen, bleiben brach liegen. Sie werden nicht bemerkt und daher auch nicht kultiviert. Eine frühe Fixierung auf einen sehr bestimmten Beruf, auf ein Spezialgebiet hat meist einen sehr kleinen Lebenshorizont zur Folge.

Das gesellschaftliche Rollenbild des Mannes („Ein richtiger Mann“) hat besonders große Defizite, gemessen an einem ganzheitlichen Menschsein. Der Mangel an „Gefühl“, die „Beziehungsarmut“ und der Zwang, sich als der Stärkere zu beweisen, verhindern die Fähigkeit des Zuhörens, des Zeithabens. „Wenn wir dir alle Mut machen, kann auch aus dir noch vieles werden!“ Jakob legt intuitiv die Finger auf die Wunde eines Vaters, dessen Menschsein zuallererst von den beruflichen Anforderungen bestimmt und begrenzt wird.

Die Entdeckung, daß Menschwerden absoluten Vorrang hat, machte bezeichnenderweise Kathi: „Wenn du ein Jakob zum Mögen wirst, dann ist’s mir gleich, was du sonst noch wirst.“ Sonst ist alles umsonst, sonst mißlingt das ganze Leben. Menschwerden ist eine mühsame, schwierige, manchmal über die eigenen Kräfte gehende Aufgabe. Dafür braucht man Kraft und Mut von den Menschen, die einem im Leben wichtig sind. Die positive Lebenseinstellung, daß Menschsein möglich und notwendig ist, übernimmt das Kind und kann so nicht nur den Beruf, sondern auch das Leben positiv gestalten.

Gott wurde nicht Zimmermann, sondern Mensch. Man sollte hier Jesu Worte bedenken: „Suchet zuerst das Reich Gottes … alles übrige wird euch dazugegeben werden.“

Kathi läßt sich nicht dressieren

(Vor dem Haus. Unter der Bank liegt ein kleiner Ball, neben der Bank Werkzeug. Weiter weg im Garten ein angefangenes „Schifferl“ aus Holzresterln. Kathi sitzt auf der Bank, läßt friedlich die Beine baumeln und schaut Jakob zu, der mit ihrem Flocki spielt.)

Jakob (streichelt Flocki): Ja, du bist ein Lieber. Du bist ein ganz lieber Flocki. – Du hast wirklich einen lieben Hund, Kathi.

Kathi: Gelt ja. Und er ist auch gescheit, mein Flocki. (Flocki bellt zustimmend.)

Jakob: Er versteht alles, was wir reden. Ich werde ihn dressieren. – Flocki, Platz! – Flocki, Fuß! – Schau, wie brav er folgt.

Kathi: Du kannst ihn auch den Ball bringen lassen. (Stupst mit dem Fuß den Ball an, Jakob stupst den Ball weiter.)

Jakob: Flocki, such den Ball! (Flocki rennt und kehrt mit Ball im Maul zurück.) Braver Flocki! Gescheiter Flocki! Mit dir könnte ich direkt im Zirkus auftreten! – Du, Kathi, wär’ das nicht eine Idee? Eine Zirkusnummer mit dem Flocki!

Kathi: No, wenn du meinst?

Jakob (hat einige Spielkisterln hergerichtet): Flocki, hopp! Und hopp! Und jetzt noch einmal hopp! (Flocki springt über die Kisten.)

Kathi (applaudiert): Bravo! Bravo!

Jakob: Vielleicht werde ich einmal Dompteur im Zirkus und dressiere Tiger und Löwen! Da muß ich aber bald zu trainieren anfangen. (Holt einen Reifen und hält ihn Flocki hin.) Flocki, hopp! Spring durch den Reifen! (Flocki mag nicht.) Oja, komm doch! (Flocki mag nicht) Der Flocki will nicht. Er ist müde. Komm, Kathi, spring durch den Reifen!

Kathi: Was, ich? Ich soll durch den Reifen springen?

Jakob: Ja, ich brauche einen Löwen, den ich dressieren kann. Komm, sei mein Löwe. Kathi, hopp!

Kathi: Ich laß mich aber nicht dressieren.

Jakob: Oja! Los! Hopp!

Kathi: Nein! Ich will nicht!

Jakob: Sei nicht fad! Hopp!

Kathi: Nein! Ich bin kein Flocki! Ich bin deine Freundin! Ich laß mich nicht dressieren. (Steht von der Bank auf und setzt sich auf die Stufen vor dem Haus.)

Jakob: So was Fades … (Setzt sich auf den Rand der Bank.)

Kathi (zu Flocki, der sich an sie drückt): Der Jakob, der spinnt, Flocki, gelt? Der will mich dressieren. Der begreift nicht, daß ich die Kathi bin und nicht der Flocki … (Flocki wedelt, rennt zu Jakob.)

Jakob: Deine Kathi ist eine Gurke, sag ihr das! (Flocki rennt von Jakob zu Kathi.)

Kathi: Dabei könnt' der Jakob so lieb sein, wenn er nicht grad dumm ist, sag ihm das. (Flocki zurück.)

Jakob (ist aufgestanden, geht zu seinem Schifferl und betrachtet es): Gelt, Flocki, das ist ein schönes Schifferl, das ich da baue!

Kathi (dreht interessiert den Kopf)

Jakob: Kathi, magst du mein Schifferl anschauen?

Kathi (nicht fad, kommt gleich): Oja, zeig mir dein Schiff – mm!

Jakob: Aus lauter Resten bau' ich's zusammen.

Kathi: Es sieht ganz echt aus. Wo willst du damit fahren?

Jakob: Irgendeine Wasserlacke werden wir schon finden.

Kathi: Wir? W i r ?

Jakob: Du und ich und der Flocki. Oder glaubst du, ich bau' ein so schönes Schiff für mich allein? (Steigt in das Boot und werkt.)

Kathi: Wenn wir keine Lacke finden, stellen wir das Schiff auf die Wiese und spielen Meer …

Jakob: Da fehlt noch ein Brett.
Kathi: Ich hol' dir eins.
Jakob: Da drüben beim Holzstoß. (Kathi rennt und kommt mit Bretterl.) Und wo hab' ich den Hammer? Geh, Kathi, mein Hammer liegt dort bei der Bank.
Kathi (rennt): Ich bring' ihn dir.
Jakob: Wenn du mir das Brett da halten könntest – ja, so –
Kathi: Jakob, du bist ein guter Schifferlbauer!
Jakob: Und du bist ein guter Gehilfe!
Kathi: Ja, helfen tu' ich immer gern!
(Flocki drückt seine Zustimmung aus.)

Kathi läßt sich nicht dressieren

„Der Hund, wenigstens einer, der folgt." Die sogenannte Tierliebe, die ja viel zuverlässiger ist, die viel mehr belohnt wird als die Menschenliebe, ist Ausdruck einer Kümmerform menschlicher Existenz. Dahinter kann die Unfähigkeit stehen, Beziehungen mit allem ihrem Risiko zu gestalten, aber auch ein an Enttäuschungen reiches Leben, das über die Kräfte des betroffenen Menschen ging. Eine egozentrische Form der Liebe – kann man es überhaupt Liebe nennen? – hört aus dem Tier heraus, was sie selbst vorher hineingerufen hat.

Seine Umwelt zur eigenen Bedürfnisbefriedigung einzusetzen – Was die Menschen mir nicht geben, gibt mir mein Hund –, diese Haltung liegt oft in seelischen Störungen der frühen Kindheit begründet, wenn die Ablösung von der Mutter nicht gelingt, wenn wichtige Lebensbedürfnisse nach Zuwendung, Zuneigung und Anerkennung lange Zeit nicht befriedigt worden sind oder wenn ein Übermaß an Verwöhnung den Aufbau der Fähigkeit, auch Enttäuschungen zu verarbeiten, verhindert hat.

„Ich habe gern eine Katze, da habe ich immer etwas Lebendiges um mich." Aus einer solchen Bemerkung spricht eine erschreckende Unfähigkeit, mit anderen Menschen Leben zu gestalten. Nun geht es nicht darum, das Tier abzuwerten, gerade der Europäer hat den Tieren gegenüber viel zu sehr eine Herrenmentalität an den Tag gelegt und könnte in der Beziehung und im Umgang mit Tieren von Indianern oder Asiaten viel lernen, sondern es geht darum, daß der Mensch auf Beziehung mit Menschen angelegt ist und sich diese von der Beziehung mit Tieren wesentlich unterscheidet. Ein Mensch darf den anderen nie zu einem bloßen Instrument mißbrauchen, mit dem er nach Gutdünken umspringen kann. Menschliche Beziehungen gelingen nur in Freiheit und Respekt voreinander. Die Toleranz des Erziehers gegenüber dem Kind muß dort enden, wo die Würde und Freiheit anderer bedroht sind.

Es ist bezeichnenderweise der Bub Jakob, der in seiner Begeisterung mit Flocki das Menschsein seiner Freundin Kathi übersieht: „Ja, ich brauche einen Löwen, den ich dressieren kann." Und Kathi legt den Finger auf den entscheidenden Unterschied. „Ich bin kein Flocki! Ich bin deine Freundin!" Es gibt eine Grenze.

Beim gemeinsamen Schifferlbauen wird deutlich, daß Beziehung eine wechselseitige Angelegenheit ist, in der ohne weiteres einmal der eine – hier der Schifferlbaumeister – federführend sein kann, ohne daß der andere in seiner Würde verletzt ist: „Ja, helfen tu' ich immer gern."

Jakob ist mutig

(Kinderzimmer. Elisabeth richtet ihre Puppen im Puppenwagen zum Ausfahren her. Jakob – mit zwei Federn im Haar – spielt Indianer.)

Jakob (schleicht indianermäßig durchs Zimmer): Kleines Adlerauge hat eine Spur entdeckt – (Folgt der Spur, späht in die Runde, die Hand über den Augen.) Oh, dort steht er – na wumm, ist der groß und stark – (Fällt ein bißchen aus der Rolle.) Du, Elisabeth, du hast ja keine Ahnung, wie mutig ich bin!

Elisabeth: Na, wie mutig bist du denn …?

Jakob: Ich bin so mutig wie drei Indianer auf einmal – Siehst du den furchtbar großen braunen Bären dort? Elisabeth: Einen Bären?!

Jakob: Ja, einen großen braunen Bären.

Elisabeth: Wo?!

Jakob: Dort im Eck … Na, du mußt ihn dir halt vorstellen, nicht?

Elisabeth: Ahso.

Jakob: Siehst du ihn endlich? Gut. Diesen Bären vertreibe ich jetzt – damit er dir nichts tut. So ein mutiger Indianer bin ich. (Geht auf den „Bären“ los, imaginäre Fausthiebe.) Gsch, gsch, du Bär du, schreck meine liebe Schwester nicht! Fort mit dir in deine Bärenhöhle? Was, du willst nicht? Na warte! Bumm! Zack! Wusch! (Fußtritt.) So, das war ihm doch zuviel. Er rennt davon. – Na, bin ich nicht ein toller Bärenjäger? Mit bloßen Händen, ganz ohne Waffen? So mutig bin ich! Gelt, da schaust du!

Elisabeth: Jakob, bei einem ausgedachten Bären bin ich auch mutig. Das ist wirklich keine Kunst! Man muß aber auch in der Wirklichkeit mutig sein.

Jakob: Hm – in der Wirklichkeit … In der Wirklichkeit bin ich auch mutig. Ich fürchte mich nie. Nicht einmal im Finstern.

Elisabeth: Soso.

Jakob: Glaubst du mir nicht? Soll ich dir beweisen, wie mutig ich bin? Paß auf … Ich hol dir etwas aus dem Abstellkammerl – aus dem finsteren Abstellkammerl, ich dreh' das Licht nicht an, ja? (Ab.)

Elisabeth: Na schön!

(Tür offen, aus dem Dunkeln kommt Jakobs Stimme)

Jakob: Ehrenwort, ich dreh' das Licht nicht an –

Elisabeth: Ich glaub' dir ja, Jakob …

Jakob (wieder auf, mit Tante-Steffi-Vase in den Händen): Jetzt bin ich gespannt, was ich da eigentlich erwischt hab', so im Finstern.

Elisabeth: Die Vase, die die Tante Steffi der Mutti geschenkt hat.

Jakob (hat Vase auf den Tisch gestellt): Na, bin ich mutig? Ganz finster war's im Abstellkammerl, nur ein ganz kleiner Streifen Licht ist durch den Türspalt gekommen – die Besen haben alle wie Gespenster ausgesehen – und der Staubsauger auch – uaaah! (Beutelt sich.) Aber ich war mutig. (Betrachtet Vase.) Sag einmal, Elisabeth, gefällt dir diese Vase?

Elisabeth: Hm, nicht besonders. Der Mutti gefällt sie, glaub' ich, auch nicht. Sie nimmt sie nur, wenn die Tante Steffi auf Besuch kommt.

Jakob (geht um die Vase herum): Vielleicht wär' diese Vase eh schön … wenn sie keine Vase wäre, sondern ganz was anderes … ein Aquarium zum Beispiel. – Als Aquarium wäre die Vase wunderschön.

Elisabeth (im Begriff, mit ihren Puppen hinauszufahren): Ein Aquarium ohne Fische?

Jakob: Ich nehme meine Plastiktiere – (Vase füllt sich mit Plastikviechereien.) So, jetzt brauch' ich noch Wasser –

Elisabeth: Echtes Wasser?

Jakob: Hast du schon einmal ein Aquarium ohne echtes Wasser gesehen? (Ab.)

Elisabeth: Wenn du nur plantschen kannst – du, ich geh' mit meinen Puppen in den Garten …

Jakob (mit Gießkanne zurück): Ich komme nach, wenn ich den Riesenhai gefangen habe. Jetzt bin ich ein Fischer! (Mit improvisierter Angel.) Ich bin der mutigste Fischer, den es gibt. – Huch, das ist ein starker Fisch, da brauch' ich meine ganze Kraft. (Angel verhängt sich, Vase fällt um, Bescherung auf dem Boden.)

(Vor dem Haus. Elisabeth mit Puppenwagerl bei der Bank.)

Jakob (schleicht aus dem Haus): Du … Elisabeth …

Elisabeth (schaut ihn an): Was ist denn los? Ist dir was geschehen?

Jakob: Mir nicht, aber der Tante-Steffi-Vase. – In unserem Zimmer ist jetzt eine große Überschwemmung mit Glasscherben drin …

Elisabeth: Oje, da wird die Mutti schau'n –

Jakob: Was soll ich der Mutti sagen, wenn sie vom Einkaufen kommt! Hilf mir, Elisabeth! Denken wir uns was aus … Ich werde ihr sagen … daß die Kathi da war … (Lebhafter.) Ja, und der Flocki, und der Flocki ist so gesprungen, dieser schlimme Flocki, immer springt der so, und da ist die Vase leider –

Elisabeth: Und der Flocki hat die Vase aus dem Abstellkammerl geholt und Wasser hineingegossen?

Jakob: Hm –

Elisabeth: Schäm dich, Jakob, immer willst du so mutig sein, und jetzt willst du der Mutti was vorschwindeln –

Jakob: Ja, was soll ich der Mutti denn sonst sagen –

Elisabeth: Sag einfach, wie alles wirklich war.

Jakob: Da brauch' ich aber soviel Mut wie zehn Bärenjäger zusammen.

Elisabeth: Ich halt dir den Daumen. Wenn man einen Unsinn gemacht hat, muß man den Mut haben und den Unsinn zugeben. Schau, da kommt die Mutti –

Jakob: Oje, oje, oje –

Mutter (mit Einkaufskorb zum Haus hin): So, Kinder, da bin ich wieder! Habt ihr lustig gespielt derweil?

Jakob: Mutti, ich muß dich was fragen –

Mutter: Ja?

Jakob: Wenn die Tante-Steffi-Vase auf einmal kaputt wäre, wärest du da furchtbar traurig?

Mutter: Noja, diese Vase – (Plötzlich aufmerksam mit dem gewissen mütterlichen Argwohn:) Wieso fragst du mich das?

Jakob: Weil ich dir jetzt leider was erzählen muß – komm schnell herein – es tut mir ja leid – und beim Aufwischen helf' ich dir natürlich … (Mit Mutter ab ins Haus.)

Elisabeth (erleichtert): Na also – war er doch mutig, der Jakob. (Ab.)

Jakob ist mutig

Mut zeigen und damit die eigene Angst überwinden, ist ein beliebtes und wichtiges Kinderspiel. Manchmal kann es allerdings auch zu lebensgefährlichen Mutproben entarten.

Bei den Ich-habe-Mut-Spielen kann es oft sehr laut und wild zugehen. Es ist trotzdem wichtig für das Kind, daß Möglichkeiten dafür gegeben sind. Mut lernen geht nicht leise, wenn die Angst in einem selbst so laut ist. Die finstere Kammer zu betreten, ist furchtbar, aber zu schaffen, wenn es einen kleinen Spalt gibt, der einen Lichtschimmer hereinläßt.

Der Mutter aber von der Bescherung berichten? Da braucht es viel Mut. Zu schaffen ist es aber auch hier nur angesichts eines Hoffnungsschimmers, damit die Finsternis nicht total ist.

„Wenn die Mutti schreit, dann fürchte ich mich so." Da bleibt das Kind mit seiner Angst allein. Es droht gleichsam, vernichtet zu werden, von innen durch seine eigenen Schuldgefühle, von außen durch die Mutter und ihr bedrohliches Auftreten. Hier gibt es nur Niederlage, Unterwerfung oder Widerspruch, Verhärtung. Das Kind wird verwüstet. Da wächst die Pflanze der Wiedergutmachung nicht.

Ein Kind, das durch die Mutter erfährt, eine Chance zu haben, auch wenn es Schaden angerichtet hat, weiß, es ist kein verirrtes Schaf, sondern ein verlorenes, es geht jemandem ab, der es sucht, dem es wichtig ist.

Wenn das Kind dann noch Menschen hat, die ihm zutrauen, selbstverschuldete Situationen auch zu meistern, die das Kind ansprechen, ihm die Wiedergutmachung zumuten und es dazu ermutigen, dann kann es mutig sein wie Jakob. „Da brauch' ich aber soviel Mut wie zehn Bärenjäger zusammen", sagt Jakob. Und seine Schwester geht nicht tratschen, sondern antwortet: „Ich halte dir den Daumen!"

Nicht eine fremde Verurteilung oder eine äußere Norm bestimmen hier den ersten Schritt Jakobs zur Wiedergutmachung, sondern eine innere Erfahrung: „Das wollt' ich nicht!" und eine von außen kommende Ermutigung. So wird der Weg zur Mutter nicht zum Canossagang, sondern zum Beginn der Versöhnung, zu der auch Jakob etwas beitragen kann: „Beim Aufwischen helfe ich dir natürlich."

Kinder, die eine solche Situation durchspielten – eine Bescherung ist passiert, die Mutter kommt nach Hause –, sagten danach: „Beim Spielen ist es leicht, warum ist es zu Hause so schwer?" – „Weil der Mut fehlt", meinte ein Kind dazu. Kinder brauchen Eltern, die sie ermutigen und ihnen etwas zumuten. So können die Kinder erahnen, daß Gottes Versöhnungsangebot bedingungslos an den Menschen gerichtet ist, der Mensch aber umkehren muß und umkehren kann.

Morgen gehe ich ihn wieder suchen – *Gotteserfahrung*

Die Gottesvorstellung des Kindes ist zuallererst geprägt von der Beziehung zwischen Kind und Eltern. Die Gestaltung dieser Beziehung legt dem Kind Erwartungen gegenüber Gott nahe, das Modell dieser Beziehung wird auf die Gottesbeziehung übertragen. Patriarchalische Familienstrukturen fördern die Vorstellung von Gott als einen Patriarchen. Auf die Gottesbeziehung wirkt sich aber auch das Selbstwertgefühl des Kindes aus. Mangelndes Selbstwertgefühl kann dazu beitragen, daß die Gottesbeziehung von Angst und Schuldgefühlen bestimmt ist, daß Gott als lebensbedrohend und nicht als lebenstiftend erfahren wird.

Sprechen Eltern ausdrücklich vom strafenden Gott, „Jetzt schimpft der liebe Gott", so begründet dies, verbunden mit mangelndem Grundvertrauen und mangelnder Ich-Stärke des Kindes, oft eine angstfixierte Religiosität. Diese schwächt wiederum das Selbstwertgefühl. Eine Erziehung, die Angstfixierung vermeidet und das Selbstwertgefühl des Kindes stärkt, ermöglicht dem Kind einen Zugang zu Gott als dem, der unbedingt vertrauenswürdig ist.

Kinder, deren Grundbedürfnisse nach Liebe, Anerkennung, Zärtlichkeit völlig unzureichend befriedigt worden sind, die wegen einer zu strengen Erziehung „frustriert" sind, sowie Kinder, die wegen einer verwöhnenden Erziehung nie gelernt haben, Bedürfnisbefriedigung aufzuschieben, neigen zu einer allgemeinen Wunschfixierung und überzogenen Selbstbezogenheit. Verbunden mit dem ausdrücklichen Hinweis der Eltern auf Gott, der uns immer hilft, kommt es zu einer wunschbestimmten Religiosität, in der Gott via Bittgebet zum Laufburschen des Bedürfnisses nach Versorgtwerden degeneriert. Diese Kinder sind hingabe- und somit auch beziehungsunfähig.

Eine Erziehung, die Wunschfixierung vermeidet, dafür aber Eigenverantwortung, Selbstkritik und Hingabefähigkeit fördert, ermöglicht dem Kind einen Zugang zu einem Gott, der „in seiner Zuwendung zu allen Menschen unbedingt nachahmenswert ist und uns zum Mitlieben beruft." Eltern sollten Kinder nicht anregen, unmittelbar materielle Erwartungen an Gott heranzutragen. Damit wird ja die Vorstellung gefördert, Gott schenke gleichsam auf Bestellung des Betenden, ohne seine Anstrengung, unmittelbar in der Art eines Zauberers, als könne man bei Gott materielle und soziale Vorteile erlangen. Auf diese Art wird das Bittgebet zu einer Art allabendlicher Bestellung im Versandhaus Gottes; mangels entsprechender Lieferungen werden dann im reiferen Alter die Geschäftsbeziehungen abgebrochen.

Das Bittgebet sollte eher als ein vertrauensvoller Dialog erschlossen werden, in dem das Kind alle Sorgen, Ängste, Enttäuschungen, Wünsche und Hoffnungen aussprechen und Gott um Kraft, Mut, Einsicht, also um den richtigen Geist, bittet. Zu dieser Praxis des Bittgebetes könnten die Eltern ihr Kind anregen, wenn sie aus dem Vertrauen heraus leben, daß Gott nicht unsere Wünsche, sondern seine Verheißungen erfüllt.

Je abgeschlossener ein Gottesbild ist, umso größer ist die Gefahr der Fixierung, der Erstarrung. Jede Fixierung ist die Absolutsetzung eines Aspektes von Gott, bedeutet Simplifizierung und verzerrt damit die Konturen des gesamten Gottesbildes.

Das ausschließliche Sprechen vom „lieben Gott" kann für ein Kind zu einem „vereinfachten" und somit verzerrten Gottesbild führen. Gott ist nicht einfach lieb und nett. Es gibt auch schwer verständliche, undurchschaubare Züge Gottes. Vieles geht einem erst später auf oder „danach“. Das ausschließliche Sprechen vom lieben Gott könnte ein Abziehbild des Wunsches nach Geborgenheit, nach heiler Welt, nach honey-moon werden. Anregender für das Kind wäre das Sprechen vom großen Gott, vom guten Vater, von Gott-Vater u. ä.

Einige Gedanken sollen nur noch Hinweise geben auf die Frage: „Wann und wie soll ich dem Kind das erste Mal von Jesus erzählen?“

Eine ausdrückliche Jesusbeziehung kann sinnvollerweise erst aufgebaut werden, wenn das Kind fähig ist zu innerer Sammlung, d. h. wenn es bereits zu ersten religiösen Erfahrungen hingeführt worden ist. Nach Bernhard Grom sind dies die „Erfahrungen des Dankens, des Mitliebens und des Vertrauens“.

„Jesus ist für uns entscheidend geworden aufgrund seiner einzigartigen Beziehung zum Vater, den er Abba (Papa = Väterchen) nannte. Das Kind sollte daher zuerst zu einer Erfahrung Gottes angeregt worden sein. Erst dann kann das Kind eingeladen werden, Jesus als Vorbild und Anstoß zum Sichsammeln und Danken … zur Brüderlichkeit und zum Vertrauen zu erfahren.“

Am Anfang einer Jesusbeziehung soll für das Kind nicht das Christkind, der Wundertäter, der Leidende oder der Musterknabe stehen, sondern der Mensch Jesus von Nazareth, an dem sich Erzieher und Kind gerade in ihrer Beziehung zu Gott innerlich orientieren können. Die Einzigartigkeit der Beziehung Jesu mit Gott, der Einheit mit Gott-Vater wird dem Kind altersgemäß erschlossen, indem Jesus, unser Bruder, zugleich Sohn Gottes genannt wird.

Wer von Jesus einfachhin als von Gott spricht, trägt nicht nur in diesem Alter zur Verwirrung bei, sondern fördert auch eine Art Dreigötterglauben. Gleichzeitig wird verhindert, daß Jesus für uns Vorbild und Anstoß zum Glauben an Gott-Vater wird, der uns be-Geist-ert.

Walter Kettler hat auf die Bedeutung der lebendigen

Vielfalt des Jesusbildes hingewiesen: Jesus lacht und ist zornig. Jesus ist müde und traurig, weint und hat Angst. Jesus ist aber auch listig und mutig, zärtlich und hat keine Wohnung. Lernt ein Kind Jesus in diesem Spannungsreichtum kennen, besteht keine Gefahr, daß sein Jesusbild zum Klischee erstarrt.

Jakob wartet auf Weihnachten

(Auf dem Tisch im Kinderzimmer liegt ein Adventkranz. Die erste Kerze brennt, die Familie sitzt um den Tisch. Elisabeth spielt Flöte.)

Vater: Das ist ein schöner Adventkranz.

Mutter: Die Elisabeth und ich haben ihn geflochten, und der Jakob hat ihn verziert.

Elisabeth (flötet)

Jakob: Ich hab' das Kerzenlicht so gern. Nächsten Sonntag brennen schon zwei Kerzen, dann drei, dann vier … Mutti, warum muß man so lange auf das Christkind warten – vier große Kerzen lang?

Mutter: Auf etwas Schönes muß man meistens warten, Jakob. Etwas Schönes braucht Zeit zum Keimen und Wachsen. Zum Beispiel ein Blume. Bis aus der Hyazinthenzwiebel die Hyazinthe hervorwächst, dauert es Wochen.

Vater: Bis ein kleiner Apfelbaum die ersten Äpfel trägt, dauert es noch viel, viel länger. Jahrelang.

Mutter: Auch ein Kind braucht Zeit zum Wachsen, bis es geboren werden kann. Aus einem winzigen Keim, klein wie ein Punkt, wächst das Kind, bis es geboren werden kann.

Elisabeth (flötet, vielleicht „Maria durch den Dornwald ging“)

Mutter: Damals, vor dem allerersten Weihnachtsfest, haben viele Menschen auf die Geburt des Christkinds gewartet. Lange, lange Zeit haben sie gewartet. Wann kommt es denn endlich? haben sie gefragt. Auch die Mutter Maria hat viele Monate lang gewartet, bis sie das Christkind zur Welt bringen konnte.

Jakob: In einem Stall ist es zur Welt gekommen, in einer Futterkrippe, und der Esel und der Ochs haben es angeschnaubt …

Elisabeth (flötet)

Jakob: Du, Mutti, ich möcht' was wissen. – Hast du auf mich auch so lang warten müssen wie die Mutter Maria auf das Jesuskind?

Mutter: Ja freilich. Der Vati und ich haben neun Monate gewartet.

Elisabeth: Ich hab' auch auf dich gewartet, Jakob.

Jakob: Dafür war ich dann schön, und ihr habt euch gefreut, als ich da war?

Mutter: Sehr gefreut. Alle haben wir uns gefreut.

Jakob (schaut in den Kerzenschein): Miteinander warten ist nicht so arg. (Flötenspiel)

Jakob wartet auf Weihnachten

„Wie oft muß ich noch schlafen gehen?" Wer mit Kindern lebt, kennt diese und ähnliche Aussprüche. Nicht warten können fällt sichtlich schwer, heute vielleicht sogar schwerer als früher.

Wir leben in einer Gesellschaft, die auf Pump lebt, die sich mehr herausnimmt, als sie sich eigentlich leisten kann oder darf. Viele gesellschaftliche Einrichtungen suggerieren die Wunscherfüllung ohne Verzug. Wozu warten, wenn ich es gleich haben kann? Einen Kredit bekommt man rasch, das Konto ist überzogen. Die Frage ist nicht, wieviel Energie oder Rohstoffe einer Generation zustehen, damit es eine Zukunft für alle gibt, sondern die Frage lautet: Wieviel brauche ich für meine tatsächlichen oder vermeintlichen Bedürfnisse?

Der gesellschaftliche Trend will eben die Zeit des Wartens abkürzen und läßt nicht die Zeit des Wartens zur Zeit der Erwartung werden. Die Werbung suggeriert rasche Befriedigung der Bedürfnisse, nur keinen Aufschub. Damit stehen Erzieher vor einer zusätzlich erschwerten Aufgabe.

Eine schwangere Frau wartet aber nicht in dieser Weise auf das Kind, sondern sie erwartet es. Es ist für sie eine Vorbereitungszeit voll Erwartung. Warten heißt oft Zeit überbrücken oder vielleicht Zeit totschlagen. Erwarten heißt voll Spannkraft sein. Advent ist Zeit der Erwartung.

Daß die Vorbereitungszeit auf das Fest bezogen und vom Fest her zu verstehen ist, hat die Kirche auch bei der Fastenzeit deutlich gemacht. Sie nennt die Fastenzeit „österliche Bußzeit". Es ist eine Zeit, die nicht Kasteiung um ihrer selbst willen fordert, sondern die auf die Osterfreude hingerichtet ist. In diesem Sinne bedeutet Fasten sich vorbereiten und nicht sich quälen.

Die Beziehung zum Fest entscheidet, was einer zur Vorbereitung beiträgt. In diesem Sinne ist es einfach eine Zeit des Leben-Lernens: aufmerksam werden für das, was Beziehung stiftet, Leben fördert, ein Fest ermöglicht; das ahnen läßt, was Gott uns in Jesus zugesagt hat. Wir sind eingeladen zum Gastmahl, zur Hochzeit, zum Fest, das der Vater den beiden Brüdern (im Gleichnis vom „verlorenen Sohn") bereitet hat. Die Gestaltung der Vorbereitungszeit soll dabei für die Kinder ansprechend und bereichernd sein: „Miteinander warten ist nicht so arg."

Der gemeinsamen Gestaltung kommt somit besondere Bedeutung zu. Advent- und Fastenkalender sind dafür hilfreiche Medien. Besonders jene, die eine Fortsetzungsgeschichte anbieten mit ergänzenden Gestaltungsmöglichkeiten. Sie helfen, aus dem Warten eine Zeit der Erwartung zu machen. So will ja auch das ganze Leben verstanden sein.

Die Glocke

(Im Kinderzimmer. Jakob spielt Matador, Elisabeth mit ihrem Puppenwagen.)

Jakob: Das ist ein schönes Schiff geworden. Tüüüüüü – tüüüüüü – tüüüüüü –

Elisabeth: Was machst du denn da, Jakob?

Jakob: Das Schiff kommt gefahren. Tüüüüüü – das ist die Sirene, weißt du. Das Schiff sagt: Achtung, da bin ich. Tüüüüü – tüüüüü – (Telefonzeichen) Telefon, Elisabeth!

Elisabeth: Könntest auch einmal du gehen, Jakob! (Läuft hinaus.)

Jakob: Wieso, wenn ich grad Schiff spiele … Ich kann aber auch Telefon spielen. Trrr – trrr – trrr – bitte abheben – trrr – hebt denn keiner ab – trrr. Tü tü tü. Jetzt bin ich besetzt. Tü tü tü –

Elisabeth (wieder zurück): Die Tante Steffi war's. Ob wir am Sonntag zu ihr kommen.

Jakob: Du und ich?

Elisabeth: Und die Mutti und der Vati. Und wir sollen noch anrufen, welche Nachspeise wir uns wünschen.

Jakob: Erdbeerknödel, eh klar. Trrr – trrr – trrr – Hallo? Hallo? Bitte Erdbeerknödel, wenn du machen könntest, Tante Steffi. Klick. Abgeschnappt. Tüüüüüüü – tüüüüüüü – trrr – trrr – trrr – tüüüüü –

Elisabeth: Schrecklich, was ist das jetzt?

Jakob: Eine Sirene und ein Telefon reden miteinander.

Elisabeth: Geh, Jakob!

(Die Hausglocke klingelt.)

Jakob: Es läutet. Schaust du nach, wer draußen ist?

Elisabeth (am Fenster): Der Briefträger! (Läuft hinaus.)

Jakob: Jetzt bin ich eine Türklingel. Dingelingling –

dingelingling – bitte aufmachen, ja macht denn keiner auf, dingelingling – trrr – trrr – trrrr – bitte abheben – dingelingling – bitte aufmachen – also in dem Haus ist keiner zu Hause – trrr –

Elisabeth: Das war ein Expreßbrief für den Vati.

Jakob: Du, die Türklingel bei der Kathi geht so: Dingidong, dingidong – und bei der Tante Steffi so: Bäääää – bäääää –

Elisabeth: Ja, die brummt so komisch.

Jakob: Paß auf, jetzt reden drei Türklingeln miteinander. Dingidong, dingidong – bää bäää – dingelingling, dingelingling – bäää – (Eine Glocke ist zu hören.) Was ist das?

Elisabeth: Die Kirchenglocke.

Jakob: Aja. Bim bam bim bam – Achtung, Achtung! Bitte abheben! Bitte aufmachen! Bim bam!

Elisabeth: Aber Jakob, eine Kirchenglocke ist doch keine Sirene, die Achtung schreit. Die Glocke sagt etwas anderes.

Jakob: Na, was sagt sie denn, die Glocke?

Elisabeth: Die Glocke sagt: Einen schönen Gruß vom lieben Gott! Er denkt an dich!

Jakob: Das sagt die Glocke?

Elisabeth (vergnügt): Na, hör doch genauer hin!

Jakob: Ich geh' in den Garten, da hör ich's noch besser. (Ab.)

(Jakob steht im Garten und horcht. Die Glocke läutet.)

Jakob: Grüß dich auch, Gott.

Die Glocke

Jedes Kind begegnet im Alltag christlichen Symbolen, christlichem Brauchtum. Ob dies ein Marterl ist, ein Bild, eine Statue, ein Wegkreuz, eine Kirche, das Mittags- oder Feierabendläuten. Sie sind in Holz geschnittene, in Stein gehauene, in Brauchtum geronnene Deutung des Lebens aus dem Glauben. Sie begegnen dem Menschen im Alltag und können helfen, den Alltag im Licht des Glaubens zu verstehen. In allen diesen Gegenständen und Ereignissen ist christliche Glaubenserfahrung vieler und verschiedener Generationen verdichtet.

Nicht alles wird man heute so ohne weiteres teilen können. Nicht nur unser ästhetisches Empfinden ist anders geworden, auch viele Texte sind uns heute bedenklich. Oft sind sie kriegerisch, voll von Vorurteilen gegenüber Andersgläubigen, blutrünstig oder geprägt vom Egoismus, vom Streben nach dem eigenen Heil für sich allein. Sie können aber doch Anstoß geben, den Gedanken an die Nähe Gottes mitten im Leben durchzuhalten, das alltägliche Leben aus der Erfahrung, von Gott getragen zu sein, zu gestalten.

Doch es bedarf der ausdrücklichen Deutung der Worte der Erzieher, die dem Kind dieses Verstehen erschließen. Sie können dem Kind sagen, wovon das Bild, die Statue und der Brauch erzählen: Es werden dabei die Fragen des Kindes sein, die Anlaß für dieses Erzählen sind. Jedenfalls ist es wichtig, in dieses Erzählen die Alltagserfahrungen des Kindes mit einzubeziehen und gleichzeitig zu erweitern.

So werden in unserem Spiel zuerst die vielfältigen Erfahrungen mit Läuten bewußtgemacht: Läuten zielt auf Beziehung. Jemand will Beziehung aufnehmen. Es gelingt, kommt ans Ziel, wenn ich es höre, darauf eingehe. Erst vor diesem Hintergrund kann die Bedeutung des Glockenläutens verständlich werden. Aufmerken, aufmerksam werden, aufwachen, sich etwas erzählen lassen: „Einen schönen Gruß vom lieben Gott. Er denkt an dich.“ Das Kind, das davon angesprochen worden ist, gibt Antwort – und es entsteht ein ganz einfaches Gebet: „Grüß dich auch, Gott.“

Jakob sucht den lieben Gott

(Kinderzimmer. Elisabeth liest Jakob aus einem Buch vor.)

Jakob: Geh, lies mir das letzte noch einmal vor.

Elisabeth: Das vom lieben Gott?

Jakob: Ja.

Elisabeth: Gott ist überall. Geh' ich auch im finstern Tal, Gott ist bei mir …

Jakob: Das vom finstern Tal mag ich nicht. Nur das vorher.

Elisabeth: Gott ist überall.

Jakob: Gott ist überall – Glaubst du, Elisabeth, stimmt das?

Elisabeth: Ja, ich glaub' schon, daß das stimmt.

Jakob: Gott ist überall … (Springt auf.) Dann geh' ich ihn jetzt suchen.

Elisabeth: Was willst du?

Jakob: Ich geh' den lieben Gott suchen.

Elisabeth: Aber Jakob, den lieben Gott kann man doch nicht sehen.

Jakob: Ich werde überall schauen. Wenn er überall ist, muß man ihn doch finden … (Ab.)

(Im Garten. Jakob schlendert aufmerksam von Blume zu Blume, von Strauch zu Strauch. Ein Schmetterling schwebt vorbei.)

Jakob: Servus, Schmetterling.

(Er betrachtet einen Baum.)

Jakob: Du bist ein schöner Baum. – (Ein Vogel wippt auf einem Zweig und zwitschert.) Jetzt hör' ich was. – Ah, du bist das. Grüß dich, Vogel. – Da bewegt sich etwas zwischen den Blumen. – Jö, eine Maus. Ist die lieb. Hallo, Maus, hab keine Angst vor mir. – Wohin rennst du denn? (Geht durch den Garten, bleibt stehen, weil er Sägegeräusche hört.) Was ist das? Da sägt wer … Im Nachbargarten. – Die Frau Swoboda?

(Der Vater wird sichtbar, er sägt und schnauft dabei.)

Jakob (zu ihm hin): Ah, du bist das, Vati! Was machst du denn da?

Vater: Ich säge. Das siehst du doch. Ich säge Holz für die Frau Swoboda. Leider ist das eine unmögliche Säge, eine Säge, die für zwei gemacht ist, nicht für einen.

Jakob: Ich hätte schon immer gern gesägt. Darf ich mitsägen?

Vater: Bitte, probier's einmal …

Jakob: Jööö …

(Elisabeth am Fenster.)

Elisabeth: Wo der Jakob steckt … Jetzt wart' ich schon so lang. – Jakob! Jakob!

Jakob: Schrei nicht so, ich komm' ja schon.

Elisabeth: Jetzt hab' ich mir schon Sorgen gemacht, weil du so weggerannt bist.

Jakob: Na, ich hab' doch den lieben Gott suchen wollen.

Elisabeth: Ja. Und hast du ihn gefunden?

Jakob: Hm. Ich weiß nicht. (Langsam zur Haustür, auf den Stufen bleibt er stehen.) Aber es war sehr schön, das Suchengehn. Morgen geh' ich ihn wieder suchen.

Jakob sucht den lieben Gott

Gott ist nicht da wie ein Ziegelstein, über den man stolpern kann. Gott ist nicht vorhanden, sodaß ich nur nach ihm zu greifen brauche. Gott zu Handen des Menschen. In der bekannten Geschichte vom brennenden Dornbusch wird Gottes Name geoffenbart als der,

„der da sein wird“ für Israel, wenn Israel aufbricht, sich rufen und führen läßt.

Erfahren kann Gott der, der sich aufmacht – aufbricht – aufhorcht – aufschaut – aufblickt. Gott hat sich dem zugesagt, der wie Mose vom Weg abgeht zum brennenden Dornbusch, wie Israel aus Ägypten aufbricht ins Gelobte Land. Nicht die Illusion der guten alten Zeit, die Sehnsucht nach der heilen Kindheit, sondern der Weg in die Zukunft führt zum „Gott Abrahams, Isaaks und Jakobs, dem Gott unserer Väter“. Gott ist uns immer voraus.

So sind wir eingeladen, die Spuren Gottes zu entdecken, einen ganzen Tag lang, ein ganzes Leben lang. Dabei ist die Suche schon bestimmt von der Erfahrung, daß die Welt und die Menschen seine Nähe erahnen und erspüren lassen.

„Wo wohnt Gott?“ Darauf gibt es nur eine Antwort: „Wir wissen es nicht.“ Jakob hat dies auch erkannt, aber Gott suchen öffnet die Augen für die Schönheit der Welt und führt die Menschen zusammen. Deshalb sagt er auch am Schluß: „Aber es war schön, das Suchengehn. Morgen geh' ich ihn wieder suchen.“

Diese Szene steht am Ende unseres kleinen Büchleins und verdichtet unser Programm religiöser Erziehung. Somit steht sie für uns am Anfang jedes Einsatzes, anderen einen Zugang zum Glauben an den Gott Jesu Christ zu eröffnen.

Jakob ist angeregt, von sich aus Gott zu suchen. Gott gehört somit nicht zu den Selbstverständlichkeiten, angesichts derer man zur Tagesordnung übergehen kann. In diesem Sinne soll religiöse Erziehung anregen, eine Bewegung auslösen, Fragen provozieren. Es braucht aber auch viel Mut, Vertrauen und Unternehmensgeist, sich auf die Suche zu machen.

Ohne ein die Menschwerdung des Kindes anregendes Familienklima wird jede religiöse Erziehung scheitern. Für Jakob wäre es wichtig, einen Wegbegleiter zu haben, der ihm von seinen Wegerfahrungen erzählt und dem Jakob seine Wegerfahrungen mitteilen könnte. Können Eltern Weggefährten ihres Kindes sein? Gewiß, wenn sie aneinander Anteil haben, den Lebensweg miteinander teilen und gestalten, wenn sie einander ihre Erfahrungen erzählen und gemeinsam beten.

Bücher von Lene Mayer-Skumanz im Tyrolia-Verlag:

Lene Mayer-Skumanz/Marianne Bors

Ein Löffel Honig

Julia hat in ein paar Wochen Erstkommunion. Bei der Vorbereitung auf dieses Fest gehen ihr und den anderen Kindern viele Dinge und Zusammenhänge auf, die sie bisher nicht wahrgenommen haben:
daß so manche Erwachsene anders handeln, als sie reden;
daß man nicht nur Brot und Honig, sondern auch Freundschaft und Geheimnisse mit anderen teilen kann;
daß Gott seine Liebe und Freude den Menschen mitteilt …
Eine ansprechend geschriebene und illustrierte Erzählung für Kinder ab 8 Jahren – aber auch für Erwachsene.

Lene Mayer-Skumanz/Susanne Redl

Johannes der Wegbereiter

Die bekannte Kinderbuchautorin stellt nicht nur die wichtigsten Stationen im Leben Johannes' des Täufers vor, sondern versucht auch auf einfühlsame Weise, die Bedeutung seiner Person damals und heute ins Bewußtsein zu rufen. Unterstützt von sensiblen Illustrationen, gewinnen die Geschichten um den „Vorläufer Jesu“ deutliche Konturen und eine neue Farbigkeit. Die Begegnung mit der faszinierenden biblischen Gestalt vermag Kinder ab 7 Jahren zu fesseln und zu begeistern.

Weitere religiöse Kinderbücher im Tyrolia-Verlag:

Josephine Hirsch

Das Halleluja-Lied

Eine Fülle von Texten und Liedern, die auf fröhliche, aber auch ruhige und besinnliche Weise Kindern die Bibel näherbringen. Themen des Alten Testaments (Noah und die Sintflut, Moses im Schilf) werden genauso aufgegriffen wie Erzählungen des Neuen Testaments (Zwischen Jericho und Jerusalem, Das Zachäus-Lied). Psalmen und Loblieder runden dieses vielseitige Buch ab.

Jutta Modler (Hrsg.)

Du, Jesus, hör mal zu

Diese neue Sammlung von Impulstexten zur Kommunionverbreitung geht von alltäglichen Situationen der Kinder in Familie, Schule und Freizeit aus. Themen des täglichen Miteinanders – z. B. Konflikte, Teilen, Feiern und Vorurteile – werden thematisiert und auf der Grundlage des christlichen Glaubens kindgemäß erschlossen. Nicht nur für die Katechese, sondern auch für den Religionsunterricht bietet dieses Buch wichtige Impulse.

Brigitte und Wilhelm Meissel/Berit Erlbacher

Mit Simon und Hanna durch das Kirchenjahr

Wieso geht ein Kreuz auf Herbergssuche? Warum nimmt Leonhard den Schraubenzieher in die Ostermesse mit? – Aus herzerfrischenden Kinderfragen erwachsen kurze Geschichten, die das Kirchenjahr lebendig und allgemeinverständlich vor Augen führen. In jahrelanger Zusammenarbeit mit einer Gemeinde ist dieses fröhliche Familienbuch entstanden. Es zeigt, daß gelebtes und offenes Christentum durchaus nicht der Vergangenheit angehört.